Le LIVRE de POCHE

JEUNESSE

Colette Blanluet

Colette Blanluet, née à Abidjan, a passé son enfance entre l'Afrique Noire et l'Orléanais avant de devenir professeur de sciences naturelles, puis de se consacrer à la muséologie. Auteur de *Contes scientifiques*, livre d'observation pour les sections maternelles, elle est admise à la Charte des auteurs pour la jeunesse en 1988. *Le Grand Théâtre*, son premier roman historique, puise à la double source du document et d'une tradition familiale vivace.

LE GRAND THÉÂTRE

Colette Blanluet

LE GRAND THÉÂTRE

Illustrations :
Bruno Mallart

HACHETTE Jeunesse

À mon père, Pierre Blanluet,
à mon oncle, René Blanluet.

Pour Yvonne, Francis
et Jacques Blanluet.

1

La ligne bleue des Vosges

« Ils ont assassiné Jaurès ! »

L'exclamation passa de bouche à oreille, criée par les uns, hurlée par les autres, et, comme si la voix ne suffisait pas à la porter, on se mit à courir et à gesticuler. Bientôt, une marée humaine se retrouva dans les rues de Paris, diffusant la nouvelle aux quatre coins de la capitale.

Un clochard surnommé le Pèlerin, à cause de sa cape noire et de sa besace, reprit la phrase pour lui tout seul : « Ils ont assassiné Jaurès ! » Tout comme si le monde devait basculer, et les braves gens se voir dépouiller de leurs biens, le vieil homme porta la main à son sac de toile. Il voulait s'assurer que son trésor y était encore. Oui, sous quelques épaisseurs de papier journal, le gros diamant répondait présent!

Les circonstances de son acquisition parurent toutes proches à son propriétaire, alors qu'elles dataient de plus de dix ans : un malchanceux avait tenté de se noyer, à l'issue d'une partie de poker. Notre clochard s'était jeté à l'eau pour le repêcher... et le désespéré d'une nuit, reprenant goût à la vie, avait tenu à récompenser son sauveteur. Le gros diamant du fond de la besace témoignait de sa reconnaissance.

Pensif, le Pèlerin regardait les eaux sombres de la Seine, qui, ce soir, engloutissaient la rumeur montante. Un bruit métallique le sortit de ses rêves : une boîte de conserve, aux bords généreusement ciselés par la rouille, venait de rouler sur le pavé. Elle avait quitté le fragile édifice fait de cartons, de bouteilles et de cageots accumulés par le pauvre homme dans sa retraite du pont Marie. Trésor d'une vie quotidienne, qu'un chat noir venait de bousculer.

« J'aime pas ça, un chat noir, grommela-t-il, j'aime pas ça. Ça porte malheur! »

L'un des clochards fidèles aux berges de la Seine s'approcha du Pèlerin, pensant que les conditions exceptionnelles du moment – assassinat de Jaurès et rumeurs de guerre – l'amèneraient à rompre son silence habituel.

« Le malheur, il est déjà sur nous, risqua-t-il. Pas vrai, les gars ? » Et il donna un coup de menton en direction de ses camarades qui venaient vers lui. Ceux-ci approuvèrent en hochant la tête, habitués qu'ils étaient, d'ailleurs, à se rallier au point de vue de Sanpain, ainsi nommé parce qu'il était « long comme un jour sans pain ». Leur maître à penser, en quelque sorte, qui avait un profil d'ascète.

« Le malheur, il est déjà sur nous ! répéta le clochard qui dominait les autres. J'vous l'dis, moi, sans Jaurès, c'est la guerre qui nous arrive !

– T'as raison, grand chef, reprit gravement un rouquin, tout en glissant ses pouces sous des bretelles en ficelle venant au secours d'un pantalon trop grand. T'as raison, mais c'est pas d'chance que t'as raison ! Jaurès, lui, il voulait la paix, et on a tué Jaurès !

– Faudra qu'elle vienne sous l'pont Marie, la guerre, pour qu'elle m'attrape, déclara un petit gros aux cheveux grisonnants. J'suis trop vieux pour porter un fusil, pas vrai, Carotte ?

et il fit un signe de tête à l'adresse du rouquin aux bretelles en ficelle.

– T'es ben content d'être trop vieux, poltron comme tu es, mon pauv'Jojo », rétorqua celui auprès de qui il cherchait une approbation.

Le Pèlerin crut bon de faire connaître son point de vue sur la guerre qui se préparait. Sanpain avait vu juste : les conditions exceptionnelles de l'heure présente sortaient de son mutisme le clochard solitaire. Avec le sérieux d'un homme d'Église qui monte en chaire, il toussota deux ou trois fois pour s'éclaircir la voix, puis commença son exposé :

« La guerre de maintenant, dit-il, ce n'est pas que l'affaire des soldats. C'est fait pour tout le monde ! Les canons, ça crache des obus, les mitrailleuses, ça canarde, les fusils, ça tire dans l'tas, qu'on soit civils ou militaires. Et les mômes, s'ils sont pas ratatinés par les canons, les mitrailleuses ou les fusils, eh ben, ils crèvent de faim ou d'froid ! Les clochards, idem ! Passe encore pour les clochards, mais pas pour les pauv'mômes. Et y'en a des milliers qui vont crever comme ça !

– Arrête, dit le gros Jojo, ça m'fait froid dans l'dos d't'entendre ! Et puis, t'y vas trop fort. La guerre, elle n'est pas encore là ! Paraît qu'les

Anglais, ils sont pas d'accord pour la guerre, et comme ils savent toujours c'qu'ils veulent ou c'qu'ils veulent pas, la guerre, on l'aura pas !

– Tu rêves, mon gros Jojo, reprit Sanpain. Dis-toi bien que l'assassinat de François-Ferdinand et d'sa bourgeoise, ça va pas en rester là. Les Serbes, il faut qu'ils payent ! Ils ont flingué l'héritier d'Autriche-Hongrie. Alors, l'Autriche-Hongrie va leur rentrer d'dans ! Pan-pan ! »

Genou à terre, bras gauche allongé et main droite sur la détente d'un fusil imaginaire, Sanpain visait une hypothétique frontière austro-serbe, représentée, pour l'heure, par la rembarde du quai de la Seine. « Pan-pan ! », continuait Sanpain excité par l'écho de la voûte du pont Marie, et fier de l'effet produit sur ses compagnons. Avec beaucoup de précautions, rampant plus ou moins, il quittait peu à peu son repaire pour aller vers « l'ennemi ».

Le brouhaha d'une foule en délire qui approchait de la Seine compléta les effets sonores de Sanpain. « On les aura, les Boches ! Faut venger 70 ! Le Kaiser au poteau ! » Autant d'appels à la guerre qui émergeaient d'un bruit sourd fait de martèlements de pas, d'invectives et de cris.

La tour carrée de l'église Saint-Gervais, les échauguettes de l'hôtel de Sens et les façades blêmes des maisons se détachaient sur le bleu profond de la nuit. Des lumières vacillantes se reflétaient sur l'eau et dansaient dans l'obscurité, maintenues prisonnières par les voûtes de pierre, comme des feux follets dans un cimetière. Au premier plan, la Seine, qui s'obstinait à clapoter sur les flancs sombres des bateaux, comme pour les inviter au départ. Mais ils n'étaient plus que des bateaux fantômes dont les mariniers étaient allés grossir la foule qui hurlait des cris de guerre.

Dans ce décor que Shakespeare lui-même n'aurait pas pu renier, Sanpain se sentait très à l'aise et continuait ses déclamations, ayant abandonné cependant l'attitude d'un fantassin en première ligne. Prenant pour des réalités les suppositions qui venaient de germer dans sa tête, il avança sur le ton de l'affirmation : « L'Autriche a déclaré la guerre à la Serbie dimanche dernier, parce que, dimanche ou pas dimanche, on s'tape dessus !

– Non, Sanpain, c'est pas tout à fait ça, coupa le Pèlerin, conscient de l'intérêt qu'il avait suscité en parlant de la guerre moderne. J'en sais plus, figure-toi !

« Ce matin, *Au Pichet d'étain*, j'ai entendu parler un type qui écrit dans les journaux. C'est dimanche 26 juillet que l'Autriche a décidé de régler ses comptes avec la Serbie qui vient de flinguer son héritier. C'est mardi qu'elle lui a dit d'faire gaffe, et c'est hier jeudi 30 juillet 1914, seulement, qu'ils se sont cogné dessus ! »

Sanpain, légèrement vexé par le rectificatif du Pèlerin, voulut reprendre la situation en main. Il pensa pouvoir y parvenir en usant d'un certain recul pour généraliser les faits. « Quand on zigouille un roi, ça fait toujours couler beaucoup d'sang, surtout le sang des p'tits, déclara-t-il, péremptoire.

– C'était pas un roi, c'était un empereur, coupa Jojo avec une vivacité qui contrastait avec son apathie habituelle. Même qu'il ne l'était pas tout à fait. Il attendait qu'son vieux tonton, il lui laisse la place ! Le vieux, c'est François-Joseph, et l'neveu, c'était François-Ferdinand.

– Comment t'as pu ret'nir tout ça dans ta p'tite tête, mon gros Jojo ? l'interrompit Sanpain.

– Pas difficile, ils s'appellent tous comme ça

chez nous ! Moi, c'est Joseph, mon paternel, c'était François, et l'tonton, c'était Ferdinand !

– Voilà Jojo qui s'prend pour un empereur, plaisanta Sanpain. Et quand il s'prendra pour le tsar, il parlera peut-être de la Russie. Car, dites-moi un peu, qu'est-ce qu'elle fabrique la Russie, dans tout ça ? »

N'attendant pas de réponse à sa question, Sanpain continua tout de go :

« La Russie, elle n'veut pas que l'Autriche mette les pieds en Serbie. Il faut dire que le tsar, lui, il préférerait p't'être mettre la patte dessus. Ça pourrait l'aider à doter ses filles. C'est pas rien d'avoir quatre grandes-duchesses sur les bras ! Pas capable de faire un gars avant le cinquième marmot, le tsar. Pas doué, qu'il était, d'autant plus qu'le gars qu'il a fait, il est toujours malade ! Et comme ce gros porc de Guillaume II, celui qu'on appelle le Kaiser, il veut pas qu'on mette une patte sur la Serbie, eh bien, il montre les dents, et c'est pour ça qu'il mobilise ses troupes.

– Dis donc, Sanpain, si tout ça s'cogne dessus, c'est la guerre partout, fit remarquer Carotte.

– Oui, renchérit le Pèlerin, c'est une guerre mondiale qui se prépare, et ça va pas êt'beau !

Jaurès, il disait bien qu'c'était la paix ou la fin du monde!

– Mais, la guerre, elle viendra pas nous déloger d'ici, hasarda le gros Jojo, décidément incapable d'élever les débats au-dessus de la hauteur du pont Marie.

– T'iras pas au casse-pipe et moi non plus, trancha le Pèlerin. On est trop vieux pour ça, mais on s'ra dans l'bain quand même!»

Les bruits de fond s'intensifiaient, obligeant les orateurs à forcer la voix pour se faire entendre. Des bribes de leurs échanges ne purent échapper aux manifestants qui continuaient à scander des appels à la guerre. Quelques silhouettes se penchèrent par-dessus le parapet du pont Marie, et se mirent à crier : «Avec nous, les clodos! Baïonnette au fusil! On les aura, les Boches!

– Ils sont pas encore dans l'coup, les Boches, répondit Sanpain à cette invitation au combat.

– Ils sont pas encore dans l'coup, mais ça va pas tarder! tonna une voix anonyme appartenant à l'une des silhouettes. Ça sent l'brûlé entre l'Allemagne et la Russie! Ils vont s'déclarer la guerre, alors, nous, on va pas les r'garder faire sans bouger! Faut venger 70!»

Trois jours plus tard, Sanpain dut reconnaître que la silhouette avait dit vrai. Le vendredi 31 juillet, l'Allemagne avait adressé à la Russie un ultimatum, la sommant d'arrêter ses préparatifs de guerre et la menaçant de mobiliser elle-même ses troupes, dans le cas contraire.

Le samedi 1er août, l'empereur d'Allemagne – le Kaiser Guillaume II – déclarait la guerre à l'empereur de Russie, le tsar Nicolas II. La France ne pouvait rester indifférente à un conflit qui allait opposer deux grandes puissances et dont les retombées atteindraient tous les pays d'Europe. Il fallait prendre parti, d'autant plus sûrement que le président de la République, Raymond Poincaré, revenait d'un voyage qui prônait l'amitié franco-russe. La mobilisation générale s'imposait.

Le dimanche 2 août, les troupes allemandes, adoptant une politique de provocation, avaient violé le territoire du grand-duché du Luxembourg et effectué quelques percées en France. Le coq gaulois ne pouvait accepter qu'on lui marchât sur les ergots. Il lui restait à pousser un cocorico guerrier !

Les jours suivants devaient confirmer la fragilité de l'équilibre européen. Le 4 août, l'Angleterre sommait l'Allemagne de respecter la neutralité de la Belgique, mais le Kaiser n'en faisait rien. Désireux d'envenimer le conflit, il ordonnait le bombardement de deux villes d'Algérie sur lesquelles flottait le drapeau français : Bône et Philippeville. Le jeudi 6 août, l'Angleterre répondait aux insultes en détruisant un bateau de la flotte de Guillaume II.

Les cartes étaient abattues. Deux d'entre elles avaient été mortelles et restaient porteuses de mort. La première avait décidé de l'assassinat de François-Ferdinand, le 28 juin, à Sarajevo. La seconde avait condamné Jaurès, le 31 juillet, à Paris. Ces deux crimes, par leur éloignement, ouvraient un large éventail aux réactions inévitables. Le grand théâtre des opérations se proposait une scène gigantesque allant des monts de Cornouailles à l'Oural, et les armes nouvelles seraient dignes de ce décor grandiose.

Mais la foule qui, depuis le dimanche 2 août, avait pris l'habitude de se presser sur l'esplanade de la gare de l'Est, pour assister au départ des premiers contingents, n'était pas effleurée par cette vision d'apocalypse. Elle savait que les canotiers seraient bientôt remplacés par des képis, et que les brodequins relégueraient aux placards les fines chaussures de cuir. Les cannes à pommeau d'ivoire ou d'argent, déjà désuètes en ce début du xxe siècle, accepteraient de s'effacer au profit des fusils. Quant aux mains gantées des femmes, elles allaient refermer des ombrelles en shantung pour devenir besogneuses...

Mais on vaincrait ! On vaincrait parce qu'on avait le droit pour soi. On vaincrait parce qu'on était animé par un patriotisme sans limites. On vaincrait parce qu'on avait un moral d'acier !

La guerre serait de courte durée. Elle serait fraîche et joyeuse. Fraîche comme les fleurs des jardins de banlieue que l'on dévalisait pour honorer l'armée française, joyeuse comme les ovations qu'on lui adressait pour l'encourager !

Et l'on regardait d'un œil attendri tous ces hommes qui avaient revêtu l'uniforme au pantalon garance, comme s'ils s'en allaient vers des petits matins bleus de brume légère et de soleil levant... N'allaient-ils pas défendre la ligne bleue des Vosges ?

2

L'appel de la France

Debout, les yeux fixés sur des affiches qui bavaient encore la colle dont elles avaient été enduites, Gaston Carpentier restait pétrifié. Sa grande stature dominait le groupe qui s'était formé devant le panneau d'affichage de sa mairie, celle de Fay-aux-Loges, village situé à une vingtaine de kilomètres d'Orléans. Deux petits drapeaux, dessinés hampes croisées et soie flottant au vent, surmontaient un titre terrible : ORDRE DE MOBILISATION GÉNÉRALE.

De toute évidence, l'essentiel du texte avait été préparé à l'avance. Il avait suffi de le compléter en dernière minute. On pouvait lire :

« Par décret du président de la République, la mobilisation générale des armées de terre, de mer et coloniale, a été décidée. » Suivait, un peu plus bas : « Le premier jour de la mobilisation générale est le .... » La ligne se poursuivait par des pointillés. Gauchement, et un peu de travers, avait été imprimée une date : ***dimanche 2 août 1914.*** Mais une autre date aurait pu être inscrite, n'importe laquelle, ou bien la ligne aurait pu ne pas être complétée. Elle aurait pu se contenter de ses pointillés ! Mais la ligne avait été gourmande d'une date, et le dimanche 2 août 1914, c'était aujourd'hui !

De la suite du texte, Gaston Carpentier retenait seulement ce qui était imprimé en caractères gras, comme s'il ne pouvait être atteint que par ce qui frappait fort. ***« Tous les hommes... Armée de terre... Troupes coloniales et services auxiliaires... Inscrits maritimes et armuriers de la marine... »*** Au bas du texte, deux cachets et deux signatures, correspondant aux ministères et aux ministres de la Guerre et de la Marine.

À côté de ce grand placard blanc surmonté de deux petits drapeaux, des affiches plus modestes sur lesquelles, seuls, se détachaient les titres : *« À la Nation française. Déclaration du Gouvernement. Message du Président de la République. »* Gaston Carpentier parcourait les lignes sans les lire vraiment. Les titres lui suffisaient. Son esprit était autre part, encombré par le raccourci de sa vie qui se déroulait devant lui comme il défile, dit-on, dans la mémoire d'un homme qui se noie. Pourquoi réagissait-il de façon si personnelle, lui, patriote incontestable, en présence d'un appel au peuple de France ?

À quarante ans bientôt, tout laissait supposer qu'il serait réquisitionné pour servir dans les compagnies auxiliaires, et n'irait pas au front. Mais, être mobilisé, c'était quitter les siens, son école, sa mairie et son village. Dans deux mois la rentrée scolaire. Plus de directeur, plus de maître pour assurer la classe des grands, plus de secrétaire de mairie, puisque lui, Gaston Carpentier, cumulait toutes ces fonctions. Qui le remplacerait ? Sa femme, sans doute, titulaire d'un brevet élémentaire. Elle serait admise à enseigner, et même, probablement, réquisitionnée pour ce faire. Mais il ne la voyait pas, son Émilie, précieuse et fragile, à la tête d'une classe de quarante gamins dont les aspirations étaient toujours contraires à l'emploi du temps du moment !

Émilie. Une femme-enfant. Une femme-fleur. Tellement peu faite pour les exigences de la vie quotidienne. Tellement peu faite pour affronter la guerre. Émilie. Une jeune fille de bonne famille qui, par le truchement d'une demande en mariage dans le parloir d'un pensionnat sentant le couvent, se retrouvait dans la situation bien modeste que connaissent les épouses des instituteurs de campagne... Émilie. Si désemparée à la naissance de leur premier enfant, Pierre, qui avait vu le jour le 10 janvier 1900. Aussi désemparée, d'ailleurs, à la naissance des trois garçons qui avaient suivi leur aîné : François en 1901, Paul en 1904, et René en 1906.

Un heureux hasard avait permis au jeune couple de rencontrer Germaine, devenue très rapidement « Maine », dans le babillage de Pierre. C'était une « fille-mère », comme disaient les gens du village. Une fille qui, avant d'être mère, avait suivi un fringant soldat en Indochine, puis était revenue au pays trois années plus tard sans l'homme de ses rêves, mais avec une petite fille belle comme le jour sur les bras. Beaucoup de portes s'étaient fermées devant la jeune mère et « l'enfant de la honte », mais celle du directeur d'école s'était largement ouverte, Gaston Carpentier étant à la recherche d'une personne susceptible d'aider sa jeune épouse.

Germaine et Gisèle. Bientôt cinquante ans pour la première. Tout juste dix-huit ans pour la seconde. L'une était le travail personnifié, l'autre la fantaisie incarnée. Deux femmes qui faisaient partie de l'univers familial des Carpentier et lui étaient indispensables. Deux femmes qui, heureusement, sauraient prévoir la prochaine rentrée scolaire et aideraient Émilie. Il faudrait rallonger l'uniforme de Pierre et les tabliers de François. Il faudrait regrouper les affaires de Paul qui perdait toujours tout. Il faudrait veiller à ce que René mange bien, lui qui, à l'inverse de ses frères, était de nature chétive. Il venait d'avoir huit ans et on lui en donnait sept à peine ! Il faudrait, il faudrait...

Gaston Carpentier s'épongea le front. Le soleil d'été, fidèle à son programme du premier dimanche d'août, dispensait une lumière crue sur les affiches, sur les bavures de colle, et sur la tête des citoyens appelés à prendre les armes. Gaston Carpentier recula, laissant place à quelques individus qui s'excitaient aux cris de : « Tous à Berlin ! Le Kaiser au poteau ! On les aura, les Boches ! »

Une main s'abattit sur l'épaule du directeur d'école. Une main accompagnée d'une voix gouailleuse : « Pas d'chance pour vous, m'sieur l'Maît' d'école. Si vous vous étiez pas fait maigrir, vous étiez pas bon pour le service. Les plus d'cent kilos, ils partent pas ! » C'était Maxime, l'éclusier du lieu-dit « le Gué Girault ». L'éclusier qui, maintes fois, avait rencontré Gaston Carpentier au cours de sa promenade qui remplaçait le dîner du jour. Quand on a dépassé la barre des cent « kilos » et qu'on est un homme sage, on pense que mieux vaut marcher que manger ! En toute autre circonstance, l'intéressé aurait réagi violemment, n'aimant pas qu'on se préoccupât de son poids. Mais, pour l'heure, il se contenta de répondre : « Maxime, j'aurais été désolé de ne pas partir ! »

De nouveaux venus avaient abandonné le trottoir d'en face, celui de l'église, pour celui de la mairie. Le tintement des cloches annonçant la grand-messe les appelait à la prière, mais les bruits de la rue les appelaient à se tenir au courant des derniers événements. « Place aux calotins ! dit une voix magistrale. Leurs devoirs d'Église ne doivent pas leur faire oublier leurs devoirs d'État ! » Gaston Carpentier se retourna. Ces intonations lui étaient familières. C'était bien son ami Armand Dupuis qui venait de lancer cette invective. Ses cheveux blancs et bouclés brillaient au soleil, de même que son bouc à la Napoléon III, fraîchement taillé. Il allait ajuster son lorgnon cerclé d'or, mais il s'arrêta dans son geste, à l'approche de Gaston Carpentier. Le binocle retomba sur la blancheur d'une chemise empesée, suspendu à un cordon de soie noire.

« J'ai déjà consulté les affiches, dit Armand Dupuis tout en serrant la main de son ami. J'étais là quand le garde-champêtre les a collées.

– C'est la fin du monde ! dit Gaston Carpentier dans un soupir.

– Tout au moins la fin d'un monde ! J'ai assisté à l'effondrement d'un empire. Je vais assister à celui d'une république, mais, tout comme le Phénix, elle renaîtra de ses cendres.

– Je vous propose de venir chez moi, continua le directeur d'école, en amorçant un pas vers la porte de la mairie qui desservait son appartement de fonction. Nous serons plus tranquilles qu'ici pour parler. »

Quelques minutes plus tard, dans la

pénombre d'une pièce aux volets clos, Armand Dupuis et Gaston Carpentier échangeaient leurs points de vue sur les événements qui avaient décidé de la mobilisation générale. Ils étaient en accord parfait, ces deux instituteurs qui, à trente ans de distance, avaient reçu à peu près la même formation. Sous l'Empire et sous la République, la devise de qui se destinait à l'enseignement n'était-elle pas : sens du devoir et du travail bien fait ?

Devant une absinthe allongée d'eau fraîche, les deux amis essayaient de trouver le chemin miraculeux qui eût évité la guerre. « Si l'Allemagne avait tenu compte des menaces de l'Angleterre... Si le tsar avait décelé plus tôt la fourberie du Kaiser... Si l'Autriche n'avait pas mobilisé ses troupes... Si François-Ferdinand n'était pas tombé sous les balles d'un jeune exalté... Si Jean Jaurès n'avait pas été assassiné... Ah, oui ! si Jean Jaurès n'avait pas été assassiné, nous n'en serions pas là ! »

Jean Jaurès, un professeur de philosophie, d'une grande intelligence et d'une grande bonté. Un partisan de la loi Jules Ferry sur la gratuité, l'obligation et la laïcité de l'enseignement. Aux yeux d'Armand Dupuis, homme marqué par l'anticléricalisme de la fin du

XIXᵉ siècle, la laïcité de l'enseignement n'était pas loin de représenter sa qualité majeure...

Jean Jaurès, un homme au grand cœur qui se faisait le porte-parole des revendications ouvrières. Un pacifiste qui doutait du bien-fondé de la colonisation, et proposait une réduction du service militaire. Mais les nationalistes voyaient en lui un lâche qui refusait le droit de « venger 70 ! ». Un antinationaliste qu'il fallait abattre... ce dont s'était chargé un certain Villain au *Café du Croissant* trois jours auparavant. Jean Jaurès n'était pas encore dans sa tombe que la guerre éclatait déjà aux portes de la France !

Tout à coup, abandonnant des considérations générales, Gaston Carpentier parla du souci qu'il se faisait au sujet de sa famille, envisageant pour lui un départ imminent. Il s'inquiétait de l'obligation qu'aurait certainement Émilie de le remplacer. Il envisageait de devancer les événements en écrivant à l'inspecteur d'Académie, pour lui signifier que son épouse n'était pas apte à l'enseignement. « Puis-je faire une telle démarche ? demanda-t-il. J'ai peur de choquer tout le monde.

– Ce ne serait pas la première fois. Rappelez-vous. Quand un major d'École normale a demandé la main d'une jeune fille dans le parloir d'un couvent, ça a fait beaucoup de bruit !

– Ce n'était pas un couvent, mais un pensionnat religieux, rectifia Gaston Carpentier avec la timidité d'un élève qui a peur de son maître.

– C'est tout comme, c'est tout comme ! Bonnet blanc et blanc bonnet ! Ah ! c'est vrai, dans ce cas il vaut mieux dire : cornette blanche et blanche cornette ! »

Un sourire malicieux éclaira le visage au front barré de quelques boucles blanches et au bouc à la Napoléon III. Le véritable Armand Dupuis perçait sous la carapace de l'homme sombre, conscient du drame qui allait se jouer à l'échelle planétaire. Malgré la gravité de l'heure, il n'avait pu résister au plaisir de faire un jeu de mots. Une malice d'enfant l'habitait encore.

« Et vous vous êtes mariés religieusement, par-dessus le marché ! continua Armand Dupuis.

– Simplement pour faire plaisir à Émilie.

– Je l'ai bien compris ainsi, rassurez-vous. Sinon, je ne vous aurais pas adopté comme je l'ai fait... bien que je sache dominer mon côté anticlérical pour le soutien d'une bonne cause ! »

Et c'était vrai. Les apostrophes de l'ancien directeur d'école à l'adresse des « cathos », des « calotins » et des « piliers d'église » avaient un côté théâtral bien orchestré, qui assurait à leur auteur une image de marque à laquelle il tenait beaucoup, et par suite qu'il s'appliquait à cultiver.

« Je ne vous conseille pas de faire une demande d'exemption de service, en ce qui concerne votre épouse, dit Armand Dupuis, revenant à la question qui lui avait été posée. Ce serait mal vu par le corps enseignant. Et puis, nous allons manquer de maîtres à la rentrée scolaire, alors, ne privez pas notre école d'Émilie et de ses connaissances. Je serai là pour l'aider et pour la décharger, au besoin, d'une partie de ses cours. »

Gaston Carpentier eut à peine le temps de dire : « Je vous en remercie », que son ami continua : « Dommage que Gisèle ne soit pas entrée à l'École normale comme nous le lui avions conseillé. Elle aurait pris la classe des petits, que va devoir quitter votre adjoint. Pourquoi, diable, Maine a-t-elle voulu faire de sa fille une modiste ?

– Elle voulait que Gisèle bénéficiât au plus vite d'une certaine sécurité. J'ai eu beau dire que je me portais garant de l'avenir de la petite, je n'ai pu empêcher cette erreur d'orientation. Maine a beaucoup de qualités, mais elle est très têtue ! »

Douze coups sonnèrent au clocher. Douze coups qui faisaient savoir à tout le village qu'il était midi. Midi. Le zénith d'une journée terrible qui allait entrer dans l'Histoire. Midi. Dimanche 2 août 1914.

Une lumière brutale tomba sur les deux hommes quand Gaston Carpentier ouvrit la porte du couloir donnant sur la rue. Des femmes s'en revenaient de la grand-messe, qu'elles avaient prolongée sans doute par des dévotions à la Sainte Vierge, car le gros des fidèles était déjà dans ses foyers. Le point de mire d'Armand Dupuis fut une petite vieille qui traînait un chariot d'enfant chargé de provisions. « Tiens, dit-il simplement, en voilà une qui a dû vivre la Commune à Paris en 71 ! » Puis il prit congé rapidement et se dirigea vers sa maison, recherchant la partie ombragée du trottoir.

3
La grande sœur

Les eaux du canal d'Orléans paressaient sous le soleil d'été, entre deux vertes rangées de roseaux. De-ci, de-là, quelques fleurs d'iris ou quelques branches de « verge d'or » ponctuaient de jaune ce monde végétal aux tiges souples et bruissantes.

Non loin des berges, le petit peuple des araignées d'eau contournait les coupelles blanches des nymphéas, menant une ronde discontinue sur leurs feuilles en forme de cœur. De temps à autre, une libellule aux reflets métalliques quittait le support d'un roseau pour l'inflorescence rose d'une coronille, ou la corolle violette d'une campanule. Parfois, elle défiait la fragilité d'une ombellifère, se posant délicatement sur son parasol en dentelle.

Indifférents aux sauts des uns et aux envols des autres, les canards et les poules d'eau s'affairaient entre joncs et roseaux, toujours en quête de quelques larves égarées. Et les grands peupliers du talus accordaient une ombre bienfaisante à tout ce petit monde frémissant qu'ils prenaient volontiers sous leur protection.

Gisèle, habituellement à l'écoute d'un plongeon de grenouille ou d'un bruissement d'ailes, ne prêtait pas attention, ce matin, aux manifestations de la vie qui l'entourait. Elle était à la recherche des garçons. Ils en prenaient un peu trop à leur aise, ces lascars de Pierre et de François, depuis ces jours derniers. Et comme ils entraînaient Paul et René dans leurs forfaits, les deux plus jeunes manquaient à l'appel tout comme leurs aînés au moment de passer à table. Hier, leur père avait fermé les yeux sur leur retard, mais ce n'était pas son habitude et Gisèle pressentait qu'une nouvelle entorse au règlement du maître de maison allait se terminer par une colère magistrale de celui-ci.

La jeune fille suivait le chemin de halage,

mettant une main en visière pour protéger ses yeux de la rigueur du soleil. Elle venait de dépasser l'allée de tilleuls qui longeait le canal à la hauteur du village, et elle s'éloignait du bourg, allant en direction de Donnery. Elle s'étonnait de ne pas avoir trouvé les garçons à leur endroit favori, à l'ombre des derniers arbres aux fleurs parfumées. Pierre, François, Paul et René affectionnaient cet emplacement, suffisamment proche de leur maison pour être facilement atteint, mais suffisamment éloigné pour ne pas être à portée de voix de leur père, et par suite à l'abri de tout ordre de travail immédiat.

Gisèle scrutait l'horizon quand elle croisa Sosthène, le pêcheur inconditionné du village. « Si tu cherches tes gamins, ma boelle[1], lui dit-il en signe de bonjour, t'as encore du ch'min à faire pour les trouver, car ils sont au *Moulin d'Avaux* ! » La jeune fille remercia cet indicateur inattendu et continua son chemin en pressant le pas. Ces diables de garçons allaient encore être en retard pour le déjeuner !

Les renseignements de Sosthène étaient exacts. À la hauteur du *Moulin d'Avaux*, Gisèle aperçut des casquettes parmi les roseaux, et

1. Expression de terroir.

des lignes qui avançaient sur l'eau. « Dépêchez-vous de ranger », cria-t-elle à l'adresse des pêcheurs. « Dépêchez-vous de ranger, et rentrez vite ! »

Deux casquettes changèrent de position. C'étaient celles de Paul et de René. Les garçons qui les portaient avaient réagi à l'appel de Gisèle. Ils s'activaient maintenant à regrouper les gaules et les épuisettes, puis à couvrir des seaux à demi remplis d'eau dans lesquels tournoyait le produit de leur pêche.

« Vite, vite », reprit la jeune fille en s'approchant du groupe. C'est alors qu'elle s'aperçut de l'absence de François et qu'elle s'adressa au pêcheur qui n'avait pas bougé :

« Pierre, retire ta ligne de l'eau, et dis-moi où est François.

– Là où il est, ça n'te regarde pas !

– Détrompe-toi, ça me regarde, car j'ai mission de vous ramener tous les quatre !

– Ça va, ça va, n'joue pas ta pionne !

– Ça ne me dit toujours pas où est ton frère, reprit Gisèle en faisant un geste de la main signifiant aux plus jeunes qu'ils devaient s'engager sur le chemin du retour.

– François, il est à Donnery !

– À Donnery? Mais qu'est-ce qu'il est allé faire là-bas?

– Chut, mystère! Si on te le demande, tu diras que tu ne le sais pas!

– Pierre, ça suffit. Réponds-moi autrement et sors ta ligne de l'eau!

– Non, je continue à pêcher en attendant François. Et les petits aussi vont l'attendre. Ils s'arrêteront à cent mètres de la maison comme toujours, pour permettre notre regroupement. Mieux vaut arriver en force, que les uns derrière les autres, pour affronter les foudres de M. le directeur d'école!

– Je vois que vous êtes prévoyants et bien organisés. Solidaires les uns des autres comme les trois mousquetaires! Mais cela ne me dit pas quelle bêtise François est allé faire à Donnery.

– Il ne s'agit pas d'une bêtise!

– Et de quoi, alors?

– Je ne te dis rien, tu serais capable de cafeter.

– De cafeter, moi, mais pour qui me prends-tu?»

Pierre se tourna vers la jeune fille, et lui dit d'un ton gouailleur : «Alors, pour un bisou, je te dis tout!» Puis, ligne glissant dans l'eau et boîte d'asticots basculant dans l'herbe, il fut d'un fond sur la jeune fille qu'il serra contre lui.

« Arrête, arrête, cria Gisèle, je ne veux plus rien savoir. Je rentre, et je ne vous plaindrai pas si vous êtes punis, François et toi, pour votre retard !

– Ne te fâche pas », dit Pierre, en prenant entre ses mains la tête aux boucles brunes de celle qui n'était ni sa sœur, ni son amie, ni sa maîtresse, mais un peu tout cela à ses yeux. Puis, toisant la jeune fille de son regard bleu, il articula très distinctement :

« François est allé voir le curé de Donnery.

– Le curé de Donnery ? reprit Gisèle en rejetant la tête en arrière pour se dégager des lèvres de Pierre.

– Pour mettre au point des cours de violon. Tu sais que le curé de Donnery est un artiste qui s'est fait cureton sur le tard.

– Bien sûr, que je le sais. On a assez parlé de lui quand il est arrivé ! Mais que va dire votre père, qui ne met jamais les pieds à l'église ?

– Il ne le saura pas, car il sera parti. Parti pour aller défendre la ligne bleue des Vosges, comme “ils” disent ! Il faut bien que la guerre, ça serve à quelque chose !

– Tais-toi, tu es odieux ! Je continue à penser, moi, que vous avez tort de faire des cachotteries. Ce n'est pas bien que François fasse de la musique, à l'insu de votre père, avec le curé de Donnery.

– Tout comme ce n'est pas bien que tu fasses du théâtre, à l'insu de ta mère, avec des gens de Paris.

– Qui te l'a dit ? souffla Gisèle en se dégageant de l'étau de Pierre.

– Mon œil. Tu ne crois quand même pas que je me prive de regarder les destinataires des lettres que tu m'envoies poster !

– Je n'aurais jamais cru cela de toi ! Je pensais que tu mettais en pratique les règles du savoir-vivre enseignées par ton père. Espérons que tu rattraperas ton indélicatesse par ta discrétion ! Je compte sur ton silence.

– À condition que tu me fasses un bisou ! » Et Pierre rattrapa par la taille la jeune fille qui tentait de lui échapper.

« Ne vous gênez pas, mes grands, dit une voix toute proche, coupée d'une respiration haletante. Ne vous gênez pas ! Continuez à batifoler dans l'herbe. Moi, je poursuis sur ma lancée. » C'était François qui revenait de Donnery en courant à petites foulées.

« Tu ne penses quand même pas que je vais te rapporter ta ligne à la maison ! lui cria Pierre. Donne-toi la peine de la prendre ! »

François s'arrêta, puis revint un peu en arrière. Il se baissa pour regrouper son matériel de pêche, le chargea sur son épaule, puis lança à l'intention de son frère et de Gisèle, tout en regagnant le chemin de halage :

« À tout à l'heure, les amoureux !

– Tais-toi, ou j'te piétine », hurla Pierre, en faisant un bond vers François.

Le retour à la maison se fit en silence, au pas de course. Paul et René attendaient leurs aînés sous les tilleuls qui ombrageaient leur coin de pêche habituel, prêts à se joindre à eux.

À quelques pas de l'arrivée, François, désireux de détendre l'atmosphère, lança à la cantonade : « Il était une fois quatre mousquetaires qui revenaient d'une partie de pêche, sous l'œil vigilant de leur grande sœur !

– Ça va, ça va, répliqua Gisèle en poussant la barrière du jardin. Assez plaisanté. Vous n'avez que dix minutes pour vous changer.

Faites vite, et n'oubliez pas que c'est dimanche. Ne vous trompez pas de vêtements ! »

Quand les garçons descendirent de leur chambre, chemises claires, culottes de drap sombre, chaussures bien cirées et chevelures imbibées d'eau de Cologne, portant encore les traces des dents du peigne, nul n'aurait pu supposer que, dans le quart d'heure précédent, ils étaient en casquettes à visières cassées et en espadrilles trouées...

4

La vie de famille

La conversation de ce repas dominical commença par une phrase du patriarche. Après avoir exigé que Maine et Gisèle fussent assises à leurs places, et non en activité dans la cuisine, Gaston Carpentier déclara d'une voix d'outre-tombe : « Mes enfants, l'heure est grave. »

Puis, de façon aussi simple que possible, il exposa les raisons de la crise européenne. Il évoqua l'assassinat du pacifiste Jean Jaurès, et l'attentat qui avait coûté la vie à l'héritier du trône d'Autriche-Hongrie, l'archiduc François-Ferdinand. Sa femme aussi était morte, la duchesse de Hohenberg. Ils laissaient trois orphelins, une fille et deux garçons. La succession revenait à l'archiduc Charles-François-Joseph, neveu du prince héritier assassiné. Ce fut alors que Pierre hasarda une question :

« Papa, pourquoi n'est-ce pas le fils aîné de François-Ferdinand qui hérite du titre de son père ? »

Gaston Carpentier trancha net : « Pierre, on ne m'interrompt pas ! », et il continua à épiloguer sur les conséquences d'actes aussi déraisonnables que les attentats de Paris et de Sarajevo. À la fin de son exposé, il daigna tout de même répondre à la question de Pierre, car c'était l'occasion d'expliquer ce qu'il fallait entendre par mariage morganatique. Le petit René écouta comme ses frères, mais sans comprendre grand-chose aux paroles de son père. L'archiduc François-Ferdinand était devenu l'héritier préposé au trône d'Autriche-Hongrie, parce que l'empereur François-Joseph, son oncle, avait perdu son fils unique, lequel s'était suicidé pour une histoire d'amour.

Mais l'archiduc François-Ferdinand avait fait mésalliance en s'obstinant à épouser la comtesse Sophie de Chotek, duchesse de Hohenberg, qui n'était pas de sang royal. Le vieil empereur avait consenti à ce mariage, à condition qu'il fût morganatique, c'est-à-dire à condition que les enfants ne pussent hériter ni des titres, ni des biens de leur père.

« Pour moi qui n'ai ni titres, ni biens, ni père, c'est beaucoup plus simple », grommela Gisèle en baissant la tête. Elle avait risqué cette phrase parce qu'elle était en bout de table et que Gaston Carpentier, qui présidait au centre, avait peu de chances de l'entendre. Il l'entendit cependant, tourna la tête vers Gisèle, mais ne releva pas sa remarque. Il se contenta de regarder sa protégée avec étonnement, se refusant de voir quelque audace à l'égard de Maine, dans l'attitude de sa fille. Il était indulgent avec elle, tout simplement parce qu'elle était Gisèle.

« C'est drôle, tout ça, conclut le jeune Paul, aux prises avec les difficultés de succession de l'Autriche-Hongrie. C'est drôle, et ce n'est pas juste, n'est-ce pas, maman ? » Et il se tourna vers sa mère.

« Oui, oui », répondit évasivement Émilie. Puis elle ajouta, tout en s'éventant avec la serviette empesée qui était pliée auprès de son assiette : « Comme il fait chaud ! L'été de cette année est insupportable !

– Veux-tu un peu d'eau fraîche, Émilie ? »

demanda Gaston Carpentier, présentant à son épouse une carafe couverte de buée.

La maîtresse de maison n'en attendait pas moins. Elle fit un petit signe de tête approbateur, puis elle regarda le filet d'eau qui s'échappait de la carafe pour remplir son verre, avec un bruit cristallin qui évoquait le clapotis des sources.

Émilie savait les yeux fixés sur elle, mais n'en éprouvait aucune gêne, car elle était certaine qu'on aimait à la regarder. Un corsage de fine guipure blanche éclairait son visage. Quelques mèches de cheveux retombaient sur son front, fines, légères, bouclées, complices du geste qu'elle affectionnait et qui consistait à les repousser vers ses tempes, du bout des doigts. D'autres s'échappaient de son chignon, petites, discrètes, tout juste suffisantes pour apporter un peu de fantaisie à la construction ronde comme un nid d'oiseau qu'elles abandonnaient. Quelques boucles aux reflets roux se profilaient derrière les oreilles et mettaient en valeur deux pendentifs – des diamants sertis d'or, cadeau du père d'Émilie. Des pommettes saillantes, un nez légèrement retroussé, un menton rond et une bouche qui faisait la moue sans le vouloir donnaient à l'ensemble une jeunesse que les années respectaient. Les rides osaient à peine toucher ce visage qui avait encore des expressions d'enfant.

Gaston Carpentier retint un soupir de satisfaction quand il vit Émilie porter à ses lèvres le verre d'eau fraîche qu'il venait de lui servir, conscient de vouer à sa femme une dévotion susceptible de porter ombrage aux autres membres de sa famille. Mais ni les garçons, ni Maine, ni Gisèle ne trouvaient à redire quand cet homme fier et robuste s'inclinait devant la créature de rêve qu'était la maîtresse de maison. À lui la force, le courage et l'énergie. À elle la grâce, la langueur et la fragilité. À défaut d'être l'âme de la maison, elle se contentait d'en être le décor. Elle promenait ses yeux verts sur la vie, beaucoup plus qu'elle ne la regardait, et elle laissait couler la vie beaucoup plus qu'elle n'y participait.

Le déjeuner parut long, bien qu'il fût, comme toujours, assez rapidement servi. La conversation n'arrivait pas à prendre corps. Un thème s'imposait, celui de la guerre, mais il s'imposait différemment aux uns et aux autres. Gaston Carpentier le traitait en fonction des événements du jour. Maine en était restée à la guerre de 70 et aux casques prussiens qu'elle évoquait à la lueur des souvenirs de sa petite enfance. Gisèle n'osait pas exposer ses craintes, relatives au monde du théâtre. Elle se contentait d'effleurer le sujet en posant au maître de maison des questions annexes concernant le devenir de la culture en cas de conflit européen. Malgré ces précautions, Maine ne put retenir une apostrophe désobligeante : « Ma fille, quand on est modiste, on demande si les dames vont continuer à porter des chapeaux. On ne s'inquiète pas pour des balivernes ! »

Émilie, qui jusqu'à ce moment avait gardé le silence, réagit au terme de « chapeau ». Enfin se présentait une occasion d'entrer dans la conversation.

« À propos de dames chapeautées, dit-elle, j'ai vu des photographies de la famille impériale de Russie, prises à l'occasion du voyage de notre président Raymond Poincaré. Les grandes-duchesses avaient des capelines superbes. L'une d'elles, l'aînée sans doute, puisqu'elle devançait le groupe de ses sœurs pour saluer notre chef d'État, n'arborait pas la capeline classique. Les bords de son chapeau étaient relevés, un peu à la manière des tricornes Louis XV. Le tout rehaussé de tulle et de plumes. C'était une œuvre d'art ! L'une des dames de la Cour avait une coiffure ornée d'un magnifique oiseau de paradis. Rien à voir avec les plumes d'autruche ! Les paradisiers sont beaucoup plus décoratifs ! Dommage qu'ils soient si chers !

– Il ne faut pas oublier qu'ils viennent de Nouvelle-Guinée, madame, précisa Gisèle.

– Ah oui, c'est vrai, et la Nouvelle-Guinée est bien loin de nous !

– Je ne demanderai pas à mes fils où elle se situe. Plutôt que de constater une fois de plus qu'ils ignorent tout de la géographie, je préfère leur dire que c'est une île se trouvant au nord de l'Australie », ajouta le directeur d'école.

Les fils, quant à eux, apprécièrent de ne pas avoir été mis à l'épreuve. Les aînés échangèrent des clins d'œil, et les plus jeunes eurent un soupir de soulagement. Ils aimaient voir se refermer la parenthèse géographique. Mais Émilie, associant ce brin d'exotisme apporté par les paradisiers aux histoires de pays lointains que lui avaient racontées son père et son grand-père quand elle était enfant, la rouvrit à propos de l'Algérie et du Maroc. Heureusement, les fils Carpentier connaissaient mieux l'Afrique du Nord que la Nouvelle-

Guinée ! Puis, en digne fille et petite-fille d'officiers supérieurs, Émilie revint aux fêtes militaires données à Saint-Pétersbourg en l'honneur de Raymond Poincaré, et vanta le prestige de l'uniforme.

« Pour un homme, rien ne vaut l'habit militaire, dit-elle avec une inconscience n'ayant d'égal que le naturel de son expression. Le tsar Nicolas II était vraiment superbe ! » Puis, sans orgueil ni malice, elle ajouta : « Il me rappelle mon père en grand uniforme. » Elle accompagna sa phrase d'un regard circulaire, allant d'un de ses fils à l'autre, ce qui l'amena à soupirer : « J'espère que l'un de vous fera une carrière militaire !

– Papa veut que je sois instituteur comme lui ! dit sèchement Pierre.

– Soit, mais rien n'empêche François de faire Saint-Cyr. Enfin, François ou l'un des petits, continua Émilie.

– Effectivement, on n'en est plus au temps où l'aîné d'une grande famille se destinait aux Armes, tandis que le second entrait dans les Ordres », persifla Pierre.

La réponse à ce défi ne se fit pas attendre. Gaston Carpentier le releva dignement.

« Ou bien tu confonds "grande famille" et

“famille nombreuse”, mon pauvre garçon, ou bien tu te trompes d’identité. Sache que tu es seulement l’aîné d’une famille nombreuse, que ton père est instituteur, et que tu n’as pas à en rougir ! »

Émilie regretta que l’évocation de François à Saint-Cyr ait conduit à l’un de ces affrontements devenus coutumiers, entre le père et le fils aîné. Au fond, pensa-t-elle, Pierre avait raison. C’était à lui que revenait l’honneur de briguer l’école de Saint-Cyr. Il ferait un si bel officier, son Pierre, ce fils dont elle admirait déjà la haute stature, les larges épaules, les traits affirmés et les yeux bleu d’acier ! Et puis, son père et son grand-père, à elle, Émilie, n’avaient-ils pas embrassé la carrière militaire à titre d’aînés ? Mais, en acceptant d’épouser un instituteur, on s’engageait sans doute à renoncer aux traditions ancestrales. Alors, mieux valait ne pas soutenir la candidature de Pierre à Saint-Cyr, et repartir dans ses rêves...

Pour détourner l’attention de Gaston Carpentier à son profit et ramener le calme, Émilie reprit sa phrase d’introduction au repas. « Comme il fait chaud ! dit-elle, en passant un fin mouchoir de batiste sur son front. L’été de cette année est insupportable ! » Et la fin du repas se passa dans la quiétude des conversations anodines.

Après la tasse de café et le petit verre de liqueur dégustés en tête-à-tête au salon, le maître de maison prit congé de son épouse. Celle-ci s'était allongée sur le divan opposé à la fenêtre de la rue, le buste soutenu par des coussins. Il effleura de ses lèvres le front d'Émilie, posa sa large paume sur la main de sa femme qui tenait le mouchoir de batiste, et chuchota près d'un lobe d'oreille agrémenté d'une boucle rousse : « J'ai à parler avec Armand Dupuis.

– Va, mon ami, va ! » répondit négligemment Émilie, tout en rectifiant les plis de sa jupe de taffetas lilas. « Moi, par cette chaleur, j'ai besoin de me reposer. »

La main sur la poignée de la porte du salon, Gaston Carpentier se retourna et esquissa un signe d'au revoir à son épouse. Dolente au milieu de ses coussins, Émilie empruntait certainement sa grâce à Juliette Récamier ou à Julie Charles, la belle Elvire de Lamartine. À coup sûr, elle appartenait plus à l'époque romantique qu'à cette deuxième décennie du XXe siècle. Il eût fallu lui dire : « Réveille-toi, Émilie, l'heure est grave. Demain, tu peux te

retrouver seule, car les hommes seront partis pour la guerre. » Seule, devant les exigences de la vie. Mais c'eût été cruel ; Gaston Carpentier se refusait de l'être. Il se contenta de refermer la porte du salon et de coiffer son chapeau d'alpaga en passant dans le vestibule. Puis il affronta la chaleur de la rue, d'une démarche qui n'avait pas sa vigueur habituelle.

5

La vocation

Armand Dupuis habitait à quelques centaines de mètres seulement de l'école de Fay-aux-Loges, si bien que Gaston Carpentier fut vite rendu chez son ami.

Après un échange rapide de phrases courtoises avec Amélie Dupuis, les deux hommes s'installèrent dans la bibliothèque de l'ancien directeur d'école. Sur le bureau, des livres ouverts, des cartes dépliées, et les derniers numéros de la revue *L'Illustration* riche en dessins et en photographies. Sur l'une d'elles, on voyait François-Joseph, le vieil empereur, juste après le drame de Sarajevo. Dos à peine voûté, badine à la main et éperons aux pieds, il marchait d'un pas ferme, se refusant le droit de s'incliner devant l'épreuve, mais son regard exprimait une tristesse infinie. Au-dessous de la photographie était imprimé un extrait du manifeste adressé par l'empereur à ses sujets : « *Ce fut mon plus grand désir de préserver mes peuples des graves sacrifices et des charges de la guerre. Il en a été décidé autrement par la Providence.* »

« La Providence, la Providence ! Un mot qui ne veut rien dire, grommela Armand Dupuis qui venait de relire cet extrait du manifeste de François-Joseph. C'est l'Honneur qui en a décidé autrement ! Les Serbes ont lancé un défi à la Maison d'Autriche. Celle-ci devait réagir sous peine de lâcheté. »

Tout en écoutant son ami, Gaston Carpentier feuilletait *L'Illustration* du 1er août 1914. Des photographies, vieilles de quelques jours seulement et relatives au voyage de Raymond Poincaré au pays des tsars, ne laissaient pas douter de l'amitié franco-russe, confirmée d'ailleurs par des commentaires enthousiastes : « *À Saint-Pétersbourg, M. Poincaré, dans une calèche de la Cour escortée par des cosaques de l'empereur, répond aux acclamations de la foule.* » Un peu plus loin, on pouvait lire : « *Fêtes militaires en l'honneur du président de la République française. Arrivée à la tente impériale.* » Et l'on voyait un Raymond Poincaré en redingote, gibus et gants blancs à la main, répondre au sourire bienveillant de ses hôtes illustres, tout en s'avançant vers eux. On voulait croire que la raison d'être des militaires, c'était de participer à des parades organisées en l'honneur des Grands de ce monde. On voulait croire que la carte de la paix pouvait encore se jouer.

Quelques pages plus loin, la photographie du croiseur cuirassé *Paris* procédant à ses premiers essais en mer, rappelait que tous les bateaux ne sont pas des paquebots de croisière ! Et le journaliste n'avait pas eu peur de titrer : « *Un renfort opportun* ».

« La guerre se fera aussi sur l'eau, dit Armand Dupuis.

– Sur mer, sur terre, et dans les airs », reprit Gaston Carpentier.

Et il continua de feuilleter la revue qu'il avait entre les mains.

Quelques pages après la présentation du croiseur cuirassé, le procès d'Henriette Caillaux était relaté par textes, dessins et photographies.

Henriette Caillaux, une femme jeune, discrètement élégante, qui avait tué de deux balles de revolver Gaston Calmette, directeur du journal *Le Figaro*. Le motif de ce crime ? L'obstination qu'avait eue la jeune femme d'empêcher la mise au grand jour de deux lettres tendres adressées, jadis, au directeur du journal, et qui risquaient de compromettre la carrière de Joseph Caillaux, ministre des Finances et ancien président du Conseil. Il en allait de son honneur à elle, Henriette Caillaux. De l'honneur de son mari aussi ! Mais elle n'avait pas voulu attenter à une vie. Son geste avait dépassé son intention qui était, tout simplement, de donner un avertissement !

L'honneur, l'amour, la passion, l'acte qui dépasse l'intention. Toutes les données d'un drame pouvant se jouer à l'échelle familiale ou à l'échelle internationale. Le coup de feu d'Henriette Caillaux avait eu pour toile de fond l'antichambre d'un bureau directorial. Celui de Sarajevo exigeait une mise en scène beaucoup plus grandiose.

De son index à l'ongle bien soigné, Armand Dupuis traçait sur le planisphère de son bureau les contours des pays qui ne pouvaient pas échapper à la guerre. Le périmètre récapitulatif était impressionnant. Il englobait la Russie, l'Allemagne, une grande partie de l'Europe occidentale, et l'Europe centrale jusqu'à ses frontières Sud, ce qui n'empêcherait pas d'autres pays d'être pris dans le piège du conflit ! Les deux hommes, tout en se penchant vers les cartes qu'ils consultaient, discutaient des mesures à prendre, des points stratégiques, des pourparlers qui pourraient encore éviter le pire. Mais que pouvait la sagesse de deux hommes, face à la machine de guerre qui se mettait en place ?

« Demain, je serai peut-être parti, dit Gaston Carpentier en se laissant tomber dans le fauteuil que lui désignait son ami. Demain, je rejoindrai peut-être une caserne que je quitterai sous peu pour une “destination inconnue”. J'accepte de remettre l'uniforme. J'accepte de coucher à la dure. J'accepte de me battre, mais je n'accepte pas que ma famille soit en difficulté. Émilie et mes fils ont besoin de moi. Gisèle et sa mère également.

– Je les aiderai, dit Armand Dupuis.

– Je le sais, et tiens à vous en remercier. Je suis persuadé que vous ne les oublierez pas, mais vous pourrez plus facilement aider Émilie et mes fils que Maine et Gisèle. Elles m'inquiètent toutes les deux. J'ai surpris récemment des éclats de voix entre elles, ce qui était tout à fait inaccoutumé jusqu'à ces mois derniers. Toujours au sujet de l'avenir de Gisèle.

– Maine a eu tort d'obliger sa fille à faire des chapeaux.

– Mais Gisèle a tort de s'obstiner à vouloir faire du théâtre !

– Je la vois mieux sur les planches que dans un atelier de modiste !

– Je vous l'accorde, mais vous ne pouvez me rallier à votre cause en quelques minutes. J'accepte cependant de réviser ma position. Je vais réfléchir à tout cela.

– Actuellement, il faut réfléchir vite, car le temps presse.

– Bien sûr, mais Gisèle ne peut pas faire une carrière théâtrale dans la région ! Il lui faudrait aller à Paris.

– Et alors, à dix-huit ans, elle est assez grande pour cela, il me semble !

– Où logerait-elle ?

– Elle prendrait une chambre, une chambre de bonne, par exemple.

– Et de quoi vivrait-elle ?

– De son travail. Il ne lui serait pas interdit d'être petite-main chez une modiste. Il faut bien que son apprentissage lui serve à quelque chose !

– Mais une chambre de bonne, ça ne se trouve pas aussi facilement que vous le laissez supposer. Paris est plein de gens qui en cherchent !

– Avec la guerre, ça va changer. Et puis, par relations, on trouve toujours.

– Je ne vois personne qui puisse m'aider.

– Moi, si. J'ai connu un aubergiste au temps de la Commune. C'était un brave homme qui venait nous ravitailler sur les barricades au risque de sa vie. Nous avons correspondu pendant quelques années, d'autant plus qu'il m'avait demandé de lui rédiger des lettres assez délicates, au sujet d'une succession. Il m'avait même envoyé une photographie de son petit garçon. Dans la restauration, on connaît beaucoup de monde !

– C'est exact, mais la Commune, c'est bien vieux. Cet homme a pu quitter Paris, avec femme et enfant.

– Ça m'étonnerait, car, dans sa famille, on était aubergistes de père en fils. Le café-restaurant où les uns et les autres travaillaient était un bien qu'ils se transmettaient. Accordez-moi quelques jours, Gaston. Je fais des recherches, je retrouve ces gens, et je déniche une chambre et un petit emploi pour notre Gisèle. S'il faut l'aider à payer son loyer ou ses cours d'art dramatique, je serai là. »

Plus rien ne pouvait arrêter Armand Dupuis dans ses projets. Un franc sourire éclairait son visage, et ses yeux brillaient d'une malice d'enfant. Aucun désaveu n'altérait ses projets. Aucun obstacle ne serait insurmontable. Gisèle était faite pour le théâtre, et c'était lui, Armand Dupuis, qui lui permettrait de réaliser sa vocation. Avec une fille belle et intelligente, tout était possible. L'idée qu'il se faisait de Gisèle sur les planches l'exaltait.

« Vous oubliez Maine, dans tout cela, dit posément Gaston Carpentier.

– Maine ? J'en fais mon affaire. C'est une de mes anciennes élèves. Elle ne peut que donner raison à son maître ! »

À ce moment, Amélie Dupuis entra dans la bibliothèque, apportant des rafraîchissements aux deux hommes. Elle regarda son mari, eut un léger haussement d'épaules, puis dit en s'adressant à Gaston Carpentier :

« Depuis que courent ces bruits de guerre, il n'est plus le même, Armand. Il est dans un état d'excitation qui lui fait perdre le boire et le manger ! Il ne dort même pas la nuit. Il faudrait qu'il essaie d'oublier tout cela !

– Tu ne sais pas de quoi l'on parle, ma pauvre ! Nous n'en sommes plus à la guerre, nous avons changé de sujet !

– Ah bon ! dit Amélie Dupuis avec une certaine gêne et peut-être un certain dépit. Je ne vous croyais pas capables de parler d'autre chose ! » Et la maîtresse de maison quitta la pièce discrètement, sur la pointe des pieds, comme une enfant ayant enfreint une consigne.

« Pauvre Amélie ! Si elle savait ce que je complote, c'est elle qui ne dormirait plus, car elle trouverait mon projet insensé. Je souhaite qu'elle reste à l'écart de tout cela. »

Abandonnant le cas de Gisèle, les deux hommes revenaient à celui d'Émilie et des garçons. Armand Dupuis envisageait d'assurer un demi-service bénévole, dans la classe des grands qui reviendrait certainement à l'épouse du directeur d'école. Ceci pour décharger Émilie... mais aussi pour répondre à l'appel de la République qui avait besoin de toutes ses énergies.

La conversation en était à l'entraînement que Pierre devrait suivre pour se présenter au concours d'entrée à l'École normale d'instituteurs, quand un coup de sonnette l'interrompit. « C'est sûrement pour moi », dit Gaston Carpentier en se levant de son fauteuil.

Oui, c'était bien pour lui. Le garde-champêtre lui apportait un papier de la mairie. Gaston Carpentier devait répondre à l'ordre de mobilisation générale.

6
La mutinerie

Gaston Carpentier partit le lendemain, lundi 3 août 1914, par le premier train du matin. Les rayons d'un soleil levant disputaient aux brumes de l'aube les contours des bois, des taillis et des maisons. La nature s'éveillait à peine, mais les hommes, eux, avaient déjà secoué l'engourdissement du sommeil. Les appelés étaient nombreux, qui arrivaient pour la plupart des fermes alentour. Ils se voulaient un moral d'acier, et scandaient à pleins poumons : « On les aura, les Boches ! » ajoutant parfois : « On reviendra avant l'hiver ! »

Quand le monstre fumant, bizarrement

décoré par des gerbes de fleurs, amorça ses premiers tours de roues après s'être reposé quelques minutes en gare de Fay-aux-Loges, des mouchoirs s'agitèrent, derniers traits d'union entre ceux qui partaient et ceux qui restaient. Un homme aux cheveux blancs essuya furtivement une larme qui coulait sur sa joue ridée. C'était Armand Dupuis, seule personne qui ait été autorisée à conduire Gaston Carpentier.

Après le départ de leur père, tout changea pour Pierre, François, Paul et René. Ou, plutôt, ils changèrent tout, pressés de rompre avec la discipline habituelle.

Pierre décréta qu'on ne fait pas sonner un réveil à sept heures, quand on est en vacances. Mieux encore, il décida de ne plus faire sonner de réveil du tout ! Aidé par ses frères, il cacha tout objet susceptible de vibrer à une heure quelconque de la journée, dans le but de réveiller un dormeur. Ce fut en vain que Maine essaya de remettre la main sur un réveil ou une pendulette. Alors, elle pensa que c'était à elle d'assurer les levers aux heures habituelles et agit en conséquence. Dès qu'elle entrait dans la chambre-dortoir des garçons, ceux-ci, qui étaient réveillés sans doute, protestaient violemment. Maine se faisait refouler avec des cris de guerre, ponctués de lancers d'oreillers. « À bas la dictature ! Vive la liberté ! N'joue pas ton Kaiser ! », étaient les apostrophes les plus courantes. Mais, au bout d'une semaine de ce régime, Maine, lasse de subir ces assauts, prit la décision de mettre la maîtresse de maison au courant du comportement de ses fils.

Ce serait aussi l'occasion de signaler que le potager, ne bénéficiant plus des arrosages quotidiens que les garçons lui prodiguaient naguère sous la surveillance de leur père, souffrait de la sécheresse. Par contre, mieux vaudrait glisser sur les disputes concernant les petits services qu'on avait coutume de demander aux fils de la maison, et spécialement aux aînés. Combien de fois, des phrases telles que : « C'est pas mon tour d'aller à la cave ! » ou « Compte pas sur moi pour faire la vaisselle ! » avaient-elles résonné, à portée d'oreille de la maîtresse de maison ! Mais aucune sanction n'avait suivi.

Elle ne punissait jamais, Mme Émilie, et ne réagissait même pas à ce qui aurait dû lui déplaire. On ne pouvait pas compter sur elle ! Mais elle était si bonne, si belle et si fragile !

Ce fut le lendemain du 15 août que le « Kaiser en jupons » – dernière expression trouvée par François pour désigner celle qui le tirait tous les matins de son lit – se décida à parler. Émilie ne parut pas surprise. Elle regarda Maine de ses yeux verts, prit ses mains, et lui dit simplement : « Ne vous faites pas de souci, ma chère Maine. Je vais parler de tout cela à Armand Dupuis, et il saura intervenir auprès des garçons. »

Ce qui fut fait. L'homme aux cheveux blancs et à la barbiche Napoléon III dit qu'il fallait « mater cette mutinerie dans l'œuf ». Il ne pouvait trouver expression plus appropriée ! La réaction d'un ancien de la Commune vis-à-vis de jeunes « anarchistes » ne se fit pas attendre. Dès le lundi matin 17 août, Armand Dupuis, promu au grade de tuteur des enfants Carpentier depuis le départ de leur père, décida de frapper vite et fort. Il lui était d'autant plus facile d'agir qu'il regroupait chaque matin les quatre frères pour leur assurer des cours de vacances. Ce jour-là, une leçon de morale, adaptée aux circonstances, précéda le travail. Avec une éloquence digne de la chaire ou du barreau, l'ancien communard parla du respect dû aux aînés, et des devoirs filiaux ; il n'eut même pas l'impression de déborder un peu le sujet en prônant le Sens civique, l'Honneur, et le Patriotisme ! Le tout se solda par une punition en accord avec les grands principes énoncés, mais aussi avec « le piètre niveau de grands dadais incapables de réaliser la gravité de l'heure présente ». Il s'agissait de copier la phrase suivante : « *Je dois respecter mes aînés et me soumettre à la volonté de mon père parti aux Armées, en me levant à sept heures chaque matin et en rendant les services qu'on attend de moi.* »

La phrase susdite serait écrite « avec application et réflexion », et recopiée cent fois par Pierre et par François, « certainement les plus coupables », cinquante fois par Paul, et vingt fois par « le petit René ». Cela « sur-le-champ, puis tous les jours, jusqu'à remise en place des objets disparus et retour à une attitude bienveillante ».

« Il y va fort, François-Joseph ! souffla Pierre à ses frères dès que leur tuteur eut tourné les talons. Tout cela pour une question de réveils qui s'reposent et de poireaux qui ont soif ! » Tous pouffèrent de rire, mais ils se mirent au travail.

Le calme revint et tout rentra dans l'ordre, ou presque, le jour même ainsi que les suivants. Les « jeunes anarchistes » assurèrent à Maine qu'ils ne lui imposeraient pas de représailles, bien qu'elle eût « cafté », si elle savait se montrer dorénavant conciliante en ne les faisant sortir du lit qu'à huit heures, ce qui fut accepté. Quant aux réveils et aux pendulettes, ils retrouvèrent très vite leurs places habituelles.

La tentative de rébellion de cette première quinzaine d'août se soldait par deux acquis : un horaire plus souple pour les garçons, et, pour Armand Dupuis, un titre prestigieux : François-Joseph.

Malgré la majesté de ce surnom, Maine et Gisèle ne purent accepter que le tuteur des garçons fût ainsi désigné. La réticence de cette bonne vieille Maine se comprenait, mais celle de Gisèle, une adolescente comme eux, les garçons !... Alors, fiers d'avoir trouvé un surnom hors du commun, mais désireux de le faire mieux accepter, les quatre frères s'arrangèrent pour surprendre la jeune fille dans le jardin, juste après le dîner.

« Tu viens voir si les poireaux sont bien arrosés, lui lança Pierre. Bien sûr qu'ils le sont, sinon, gare au despote !

– Tu exagères, répondit Gisèle.

– Comment, *il exagère*? On voit bien que ce n'est pas toi qui as copié cent fois une phrase à dormir debout, reprit François. C'est un despote, comme tous les empereurs, et il se prend pour notre empereur, depuis le départ de papa ! Tu n'vas quand même pas nous dire que vouloir un peu de bon temps mérite une telle punition !

– Personne n'a le droit de manquer à ses devoirs, actuellement, mon pauvre François, dit Gisèle, d'un air absent.

– Tu t'accordes bien des loisirs, toi, puisque tu t'arrêtes chaque soir chez les Dupuis, en revenant de ton travail ! avança Paul, manifestement très fier de lui.

– Qui t'a dit ça ?

– Mon petit doigt ! Il sait tout, mon petit doigt, ou, plutôt, il voit tout !

– Moi aussi, je t'ai vue, renchérit le benjamin

qui n'avait pas encore pris la parole, je t'ai vue sortir de chez les Dupuis. C'était juste avant l'heure du dîner !

– Et que vas-tu faire chez notre tuteur ? interrogea François en prenant des airs d'inquisiteur.

– Mme Dupuis t'aurait-elle fait une commande de chapeaux ? continua Paul.

– Ça suffit, ça suffit, trancha Gisèle. Je n'ai pas à répondre à vos questions idiotes ! Je maintiens qu'Armand Dupuis n'est pas un despote, et que c'est même un homme très bon. »

C'était ridicule de vouloir prendre un surnom trop à la lettre, se disait l'aîné des frères Carpentier. Une plaisanterie ne supporte pas un examen approfondi, et ce n'était qu'une plaisanterie qu'il avait lancée ! Par contre, le flou qui planait sur l'emploi du temps de Gisèle, lui, devait être soumis à un examen approfondi ! Qu'allait-elle faire, tous les soirs, chez les Dupuis, Gisèle ? L'hypothèse des chapeaux d'Amélie était, bien sûr, à rejeter. Alors, quel complot se tramait-il ? À quelle conspiration fallait-il penser ? De quel droit Gisèle échappait-elle au cercle familial ? Oui, de quel droit ?

En la présence de Gaston Carpentier, rien ne se serait passé comme cela !

Mais, puisque le maître de maison était parti, n'était-ce pas au fils aîné qu'il revenait de le remplacer ? Bien sûr, que c'était à lui, et Pierre se sentit investi d'une nouvelle mission : protéger Gisèle. À partir de ce jour, il fut incapable d'analyser les sentiments qu'il éprouvait pour la jeune fille de la maison...

7
Les préparatifs

« Madame ! Madame ! une lettre de monsieur ! » cria Maine en grimpant quatre à quatre l'escalier qui conduisait à la chambre de sa patronne.

« Décidément, le facteur passe de plus en plus tôt, se dit Émilie. Les deux premières lettres de Gaston m'ont surprise au cours de mon petit déjeuner, la troisième pendant ma toilette, alors que je me coiffais avant de boire mes premières gorgées de thé, et celle-ci me prend au saut du lit ! »

« Oui, oui, dit Émilie, glissez la lettre sous ma porte ! »

Ce que fit Maine, un peu déconcertée de

ne pas avoir des nouvelles de « Monsieur » sur-le-champ ! On pouvait tout craindre pour lui !

Les Français avaient été contraints de reculer en Lorraine dès le 20 août. Au début, tout allait bien dans l'Est ! Ah ! si les Prussiens – enfin, les Allemands comme on disait maintenant – avaient respecté la neutralité de la Belgique !... Ils n'avaient pas changé, les casques à pointe ! Toujours les mêmes ! Des sauvages ! Des bandits ! Des incendiaires ! Même qu'à Anvers, un obus était tombé tout près de ce bon roi Albert. Un courageux, ce roi des Belges, qui ne recule pas devant le danger ! Heureusement qu'en France, il y avait des courageux aussi. Le général Gallieni, lui, quand les Boches s'étaient avancés jusqu'au nord de Paris, début septembre, il avait dit : « Jusqu'au bout ! » Oui, il avait voulu tenir jusqu'au bout, quand il était venu pour aider le général Joffre ! Un brave aussi, celui-là, et pas fier. Toujours auprès de ses soldats. C'était grâce à eux qu'on pouvait fêter la victoire de la Marne. Sans oublier Gallieni qui avait réquisitionné tous les taxis de Paris pour les remplir de poilus et les envoyer sur le front mettre en déroute les casques à pointe ! Sinon, Paris aurait été pris.

Armand Dupuis l'avait bien dit ! Et Gisèle qui allait bientôt habiter Paris ! Si c'était pas Dieu possible !

Maine ressassait, pêle-mêle, toutes les nouvelles des semaines précédentes. « Ah ! elle faisait son malheur, Gisèle, en voulant partir ! Comme si c'était un métier de monter sur les planches ! Enfin, si c'était ça qu'elle voulait faire, après tout ! Et puis, Armand Dupuis, il trouvait ça bien ! Il devait avoir de bonnes raisons derrière la tête, sinon, il n'aurait pas cherché une chambre et du travail pour la petite, à Paris ! Mais c'était quand même difficile à accepter ! Ah ! Si seulement cette maudite guerre n'avait pas pris Gaston Carpentier, il aurait pu donner son avis ! Car il était comme un père, Gaston Carpentier, pour Gisèle ! »

Maine en était là de ses réflexions quand les neuf coups sonnèrent à l'horloge du clocher, lui rappelant l'heure des commissions. Elle tenta de refouler pour un temps les projets concernant sa fille, ne voulant pas être tentée d'en parler. L'avenir de Gisèle, ça ne regardait personne ! À l'époque où les gens du village rejetaient plus ou moins « la petite fille sans père », qui s'inquiétait de ce qu'elle deviendrait ? Ils s'intéressaient à elle maintenant parce

94817

qu'elle était devenue un beau brin de fille qui attirait les jalousies !

Maine prit son cabas et partit d'un bon pas, bien décidée à ne parler aux uns et aux autres que des pauvres Belges, du nouveau pape Benoît XV, et des sales Boches qui avaient osé bombarder la cathédrale de Reims ! La fidèle employée des Carpentier sut tenir ses résolutions, aussi bien à la boulangerie qu'à la charcuterie. Elle enrichit son lot d'informations sur les événements récents, en apprenant que le pape Pie X était mort parce qu'il n'avait pas pu éviter la guerre, que des contingents d'Afrique venaient grossir les rangs de leurs frères dont l'héroïsme s'était confirmé à Charleroi, et que des sœurs franciscaines maniaient la faucille dans les champs de leur couvent breton. Si les missionnaires de Sainte-Marie moissonnaient le blé, Maine, quant à elle, moissonnait les nouvelles !

Sur les marches du perron de la charcuterie, tandis qu'elle refermait derrière elle la porte en faux marbre à l'enseigne du *Cochon fumé*, la nouvelle responsable de la famille Carpentier sentit passer un souffle d'air frais qui lui rappela l'approche de l'automne. « Tiens, se dit-elle, puisque Mme Émilie me demande de m'occuper de tout, il faut que je prévoie du bois pour cet hiver. Ce n'est pas ce pauvre Gaston Carpentier qui pourra commander les bûches à mettre dans la cheminée, ni les rondins pour la cuisinière et les poêles ! Mon cabas n'est pas lourd, donc je peux bien aller jusqu'à la ferme de Reuilly pour demander qu'on nous livre comme à l'habitude. Ça évitera du souci à Madame ! Pauvre Madame, elle va avoir tant de travail à partir de la rentrée des classes ! »

Maine s'activait fort dans sa cuisine pour compenser le retard pris en allant jusqu'à Reuilly, quand Émilie descendit de sa chambre et vint jeter un coup d'œil sur le déjeuner qui se préparait. « Tout va bien, dit-elle à Maine en faisant allusion à la lettre du matin. Monsieur vous donne le bonjour et embrasse Gisèle. Il est toujours comptable à la manufacture des tabacs d'Orléans, mais il ne va pas forcément rester dans les services auxiliaires. Il doit passer une visite médicale et sera peut-être incorporé dans le service armé.

– Ne vous souciez pas pour cela, ma pauvre

Émilie, dit Armand Dupuis qui, venant de terminer les cours des garçons, passait par la cuisine pour saluer la maîtresse de maison et son employée. Ne vous souciez pas. À quarante ans et avec quatre enfants, il n'ira pas au front ! »

Émilie regarda l'homme aux cheveux blancs de ses beaux yeux verts. On y lisait encore plus d'étonnement qu'à l'habitude. Elle ne comprenait pas pourquoi Armand Dupuis s'évertuait à la rassurer. Gaston ne pouvait pas toujours rester à Orléans ! Son père, à elle, était bien allé se battre en Tunisie et son grand-père en Algérie !

Armand Dupuis, mesurant combien Émilie manquait une fois de plus du réalisme le plus élémentaire, détourna brusquement la conversation. « Dans deux semaines, ce sera la rentrée scolaire, et nous travaillerons ensemble, dit-il sans préambule. À vous, ma chère Émilie, l'enseignement du français, de la couture, du dessin et de la musique, l'après-midi. À moi le reste, chaque matin. L'Inspection académique n'a fait aucune difficulté pour accepter mes services, ce qui prouve que les vétérans peuvent encore être utiles quand les effectifs viennent à manquer. À la guerre comme à la guerre ! » Et Armand Dupuis ponctua sa phrase d'un geste de fatalité, mais aussi d'un sourire de satisfaction. À soixante-dix ans, il pouvait reprendre du service !

« Pauvre Madame, pauvre Madame, soupira Maine. Ce n'est pas rien d'avoir des élèves sur le dos. C'est qu'ils sont pas toujours faciles, les gosses d'aujourd'hui !

– Ne vous inquiétez pas, Maine, reprit Armand Dupuis, je serai là pour les faire filer, moi, nos "gosses d'aujourd'hui" ! Et puis, votre maîtresse se passionnera pour son travail. C'est dur d'enseigner, mais ça rapporte beaucoup de satisfactions. » Puis il continua, en se tournant vers Émilie : « Avez-vous retrouvé les cahiers de préparation de Gaston ?

– Oui, oui, murmura la future enseignante en remettant en place une boucle aux reflets roux. Oui, oui, j'ai retrouvé son emploi du temps, ses cahiers d'exercices, ses textes annotés, et même des livrets d'entraînement au certificat d'études.

– Alors, puisque nous ne manquons pas de fournitures, étant donné les réserves prévues par votre époux, tout est prêt. Je me retire et prends congé de vous, madame la directrice », dit Armand Dupuis avec un sourire malicieux.

Puis, après un signe amical à l'adresse de Maine, il pivota sur ses talons.

À peine eut-il atteint la porte du couloir donnant sur la rue, qu'il fit demi-tour et revint vers la cuisine. « Ah ! glissa-t-il à l'oreille d'Émilie, j'ai oublié de vous dire que je souhaite voir votre fils Pierre en aparté. Accepteriez-vous qu'il vienne chez moi un soir de la semaine prochaine ?

– Bien sûr, répondit la jeune femme, mettez cela au point avec lui.

– Merci, chère madame. À bientôt ! » Et la silhouette de l'homme à la redingote noire disparut derrière une lourde porte qui se referma en grinçant.

Émilie reprit, sur la table de la cuisine, la lettre de Gaston Carpentier, qu'elle y avait posée, et elle se dirigea vers la salle à manger. Elle en relut quelques phrases, évitant soigneusement celles qui traduisaient l'amour sans bornes que lui vouait son époux, et dont elle était un peu lasse. Elle éprouvait quelque gêne à se sentir l'idole d'un être qui, par ailleurs, ne faisait de concessions à personne ! Mais tel était cet homme, de forte personnalité, qui l'avait demandée en mariage dans le parloir d'un pensionnat religieux, alors qu'elle s'apprêtait à prendre le voile, sans vocation ni grande conviction d'ailleurs.

Quand on a grandi loin de ses parents et de ses grands-parents, que l'on n'a ni frères ni sœurs, on cherche dans le milieu environnant l'affection qu'il est indispensable de trouver au cours de l'enfance. Grâce aux sœurs dominicaines, Émilie avait connu la douceur, la tendresse et la sérénité. Elle s'était dit que la maison de Dieu recelait tout cela... que Dieu existât ou non. Comment pouvait-on se porter garant de l'existence du Tout-Puissant, ou, à l'inverse, rejeter l'idée même d'un Être suprême ?

Émilie se sentait attirée par des démarches métaphysiques, mais elle souffrait de ne pouvoir trouver un interlocuteur susceptible de répondre à ses questions. Son époux ne lui était d'aucun secours. Il rejetait tout en bloc : Dieu, la religion et les hommes d'Église !

Pour l'heure, Gaston Carpentier avait d'autres soucis en tête que des préoccupations de cet ordre. Il suivait des cours de préparation militaire et s'apprêtait à être incorporé dans le service armé. Quant à elle, Émilie, à la veille de devenir une femme active, et non une religieuse contemplative, obligation lui était faite de donner priorité au domaine matériel. Ne devait-elle pas se constituer un trousseau en vue de ses nouvelles fonctions ? La manipulation de l'encre violette et des bâtons de craie n'était pas celle des nappes d'autel et des vases religieux ! Le port de la blouse s'avérait indispensable. Mais pas de forme classique, se disait Émilie, et surtout pas de noir ! La blouse-tablier sans manches, au décolleté carré et aux larges bretelles agrémentées d'un volant, serait beaucoup plus seyante ! Sa couturière lui avait trouvé une satinette bleu nuit qui ferait sûrement l'affaire.

Pour ses corsages, la future directrice avait retenu trois teintes : le bleu pastel, qui donnerait à ses yeux des reflets de mer calme ; le vert amande, qui mettrait en valeur les tons roux de ses cheveux ; le rose buvard, qui parerait son teint de transparences de porcelaine. Elle avait hésité sur le choix des tissus de ses jupes. Des serges et des lainages souples avaient été sélectionnés. Bleu sombre pour les uns, gris moyen et lie-de-vin pour les autres. À l'exception des blouses que sa couturière commençait cette semaine, et des bottillons en chevreau que le cordonnier était sur le point de livrer, tout était prêt, même le châle qu'Amélie Dupuis lui avait tricoté en grande hâte ! Somme toute, la perspective de la rentrée scolaire n'était pas déplaisante...

8

La nouvelle maîtresse

Le charme d'Émilie ne manqua pas d'opérer sur les élèves de Fay-aux-Loges, dès l'après-midi du vendredi 2 octobre 1914. Sur les « grands » de la classe du certificat d'études, qui, le matin même, avaient eu à décliner leurs noms, prénoms et dates de naissance à un maître en blouse grise et à la chemise blanche au col de celluloïd. Sur les « moyens » et les « petits », qui avaient arrêté leurs jeux pour voir passer « Mme la directrice », traversant, cartable à la main, et cahier d'appel sous le bras, la cour de récréation.

Un élève du cours élémentaire avait payé

d'un affront cuisant l'admiration excessive qu'il vouait à la nouvelle maîtresse. En arrivant chez lui, il avait claironné : « C'est chouette ! Le vieux dirling en noir est parti à la guerre, et c'est une belle dame en rose qui le remplace ! » Aussitôt, sa maman s'était écartée de la vache qu'elle était en train de traire, et avait administré au gamin une gifle magistrale, en criant : « Si c'est pas malheureux de dire ça quand on a un pauv' père habillé en poilu ! » Le gosse en était resté coi, et n'avait pas compris la raison de l'affront reçu.

Paul, élève de la classe de sa mère, et appartenant déjà à la grande section malgré ses dix ans tout juste, avait eu la modestie de ne pas relever les exclamations du genre : « Elle est drôlement jolie, la maîtresse ! » René, par contre, appartenant à la section des « moyens », n'avait pas résisté au bonheur de confirmer ce que l'on savait déjà : la belle dame en rose qui traversait la cour, c'était sa maman.

Quant à Pierre et à François, ils assistèrent à cette rentrée en spectateurs, confortablement installés derrière les fenêtres de la bibliothèque de leur père. Cela entre deux essayages des chemises, des pantalons et des vestes de leurs uniformes de pensionnaires, que Maine essayait de remettre à leur taille. Elle n'était pas de très bonne humeur, la couturière d'occasion qui s'acharnait sur des vêtements devenus trop courts. Au troisième essayage de François, lequel François « ne se tenait pas bien droit », la pauvre femme perdit patience. « Si c'est-y permis de dev'nir des géants pareils ! Faut croire que c'est pour me donner du travail !

– Il va bientôt falloir s'excuser de grandir ! » répliqua François. Puis il ajouta, goguenard : « Désolé, chère madame, de vous donner tant de peine. Mais, entre nous, n'êtes-vous pas débordée parce que vous avez pris du retard dans votre travail ? Si leur rentrée n'avait pas été reportée du 2 au 5 octobre, un certain Pierre et un certain François n'auraient rien eu à se mettre sur le dos !

– C'est d'la faute de Gisèle, grommela Maine. Si j'n'avais pas eu à m'occuper de ses affaires pour qu'elle parte à Paris, les vôtres seraient prêtes, à c't'heure !

– Ah ! parce qu'elle a gagné, Gisèle ! Je savais bien qu'elle finirait par avoir raison de toi !

– Laisse tomber, laisse tomber, François, coupa Pierre, visiblement désireux d'éviter le sujet.

– Ton frère a raison de te faire taire, reprit Maine, car si tu te mêles de ce qui n'te regarde pas, je me vengerai. J'irai dire à M. Dupuis que le curé de Donnery te donne des cours de musique. Alors là, mon p'tit bonhomme, ça ira mal ! En attendant, tiens-toi droit, ou j'te pique les mollets avec mes épingles !

– Ah ! parce que tu sais que je vais à Donnery ! C'est incroyable comme tout se colporte dans les petits patelins. Mais tu as intérêt à te taire si tu veux que je me produise le jour de ton anniversaire et que je te chante *Le Temps des cerises*. Car c'est de ton époque, cette mélodie !

– Si l'on veut, si l'on veut. C'est une chanson qui était à la mode au temps de la Commune, et je n'avais que sept ans, moi, en 71 ! »

« C'est impossible de travailler ici », bougonna Pierre, qui, d'ailleurs, ne faisait guère d'effort. Et, après avoir bousculé son fauteuil, il sortit en claquant la porte de la bibliothèque, tout simplement pour se donner de l'importance. Le bruit qu'il fit n'empêcha pas François d'entendre tinter la cloche qui marquait la fin des leçons. Enfin libéré des épingles et des fils de bâti, il laissa Maine à sa couture pour courir vers la classe de sa mère. Quand il en franchit le seuil, il constata que Pierre l'avait précédé, avec la même intention que lui, puisqu'il s'activait à mettre en pile les « cahiers du jour ». François fit contre mauvaise fortune bon cœur, et se saisit du sac de la maîtresse. Les enfants se mirent en rang, cartable au dos et béret à la main, puis, au signal donné, ils avancèrent pour aller retrouver la liberté de la rue au-delà du grand portail gris. Alors, avec un port de reine, Émilie traversa la cour de récréation pour rentrer chez elle, ayant à ses côtés deux chevaliers servants, Pierre et François, qui portaient religieusement les attributs de ses nouvelles fonctions.

Un petit page suivait le trio, l'air renfrogné. C'était Paul, irrité que ses frères aient détourné à leur profit un honneur qui lui était dû. Heureusement, dans quelques jours, ces gêneurs seraient partis, et nul ne l'empêcherait, lui, l'élève de sa mère, d'être le serviteur de celle qu'il admirait tant !

Avec des airs d'inspecteurs primaires dans l'exercice de leurs fonctions, Pierre et François questionnèrent leur mère. Le petit René les avait rejoints dans la bibliothèque, et Paul aidait Maine à servir les plateaux du goûter. Émilie se prêta de bonne grâce à l'interrogatoire de ses fils, lequel portait sur la durée des leçons, l'attention des élèves, l'enseignement de la couture aux filles, et la nécessité de mettre en valeur les matières artistiques. Mais, quand les inspecteurs imberbes se tournèrent vers leurs frère pour continuer leur enquête, ils rencontrèrent beaucoup moins de bonne volonté. « Si papa était là, vous ne feriez pas les malins ! » leur lança Paul en haussant les épaules. Et René de s'asseoir prestement sur son cartable afin de signifier à ses aînés qu'ils n'avaient pas droit de regard sur ce qui lui appartenait. Peine perdue, d'ailleurs. Le benjamin fut vite délogé de son siège. François ouvrit le sac du petit frère pour en extraire les cahiers tout neufs. Deux dessins s'échappèrent, qui n'eurent pas le temps de tomber sur le tapis, car ils furent attrapés au vol par Pierre.

« Deux croquis, déjà, dit celui-ci. C'est à croire que vous passez votre temps à dessiner, au cours élémentaire !

– Pas du tout, rectifia le petit René avec une certaine impatience dans la voix, pas du tout ! J'avais fini ma feuille de platane avant les autres, alors, la maîtresse m'a demandé de dessiner les arbres de la cour ! »

Devant la vigueur des traits, l'épuration des formes et la sûreté des contrastes, Pierre proclama à qui voulait l'entendre : « C'est un artiste, le petit frère ! L'écorce de ses arbres, on croirait qu'elle est vraie ! Et quel relief !

– Ça me plaît d'y faire des ombres, pour donner l'impression qu'elle tourne autour des troncs, ajouta timidement le benjamin.

– Somme toute, quand tu voudras te distraire, tu représenteras le tas de bois de la grange, plaisanta François.

– Tu as raison d'évoquer notre réserve de bûches, mon cher cadet, dit Pierre avec emphase. J'allais oublier de te faire savoir que tu es de corvée de bois ce soir à ma place, car, moi, je suis convoqué chez Armand Dupuis.

– Espèce de planqué ! cria François, oubliant totalement les bons usages d'une conversation de salon. Espèce de planqué, tu peux attendre longtemps que je te remplace ! On vivra sur les réserves, c'est tout, et toi, demain, tu auras double corvée, mon bonhomme !

– Vous vous méprenez, mon cher, dit Pierre en toisant son frère, vous vous méprenez, car moi, demain, je ne serai pas là ! Salut la compagnie ! » Et il disparut après avoir échangé avec sa mère des regards complices.

Quand il sonna chez les Dupuis, Pierre Carpentier avait complètement abandonné les allures du grand seigneur qu'il venait de se donner. Il était redevenu l'adolescent qui n'approchait jamais son tuteur sans une certaine appréhension, tout comme ses frères. On fanfaronnait en l'appelant « François-Joseph » quand on était loin de lui. On se comportait en petit garçon bien sage quand on l'approchait.

Ce soir, Pierre aurait pu avoir l'esprit serein : il venait ici pour recevoir les dernières instructions concernant son voyage à Paris, prévu pour le lendemain. Le fait qu'il ait été choisi comme chevalier servant de Gisèle, digne de présider à son installation dans la capitale, était un bon présage. Mais, avec Armand Dupuis, on pouvait toujours s'attendre à quelques embûches !

L'homme aux cheveux blancs arborait son visage des bons jours quand il vint répondre au coup de sonnette de celui qu'il avait convoqué. « C'est bien, mon grand, dit-il à Pierre, tu es tout à fait à l'heure. Entre dans mon bureau. Nous y serons plus tranquilles que dans la salle à manger pour bavarder. »

Le « bavardage » consista essentiellement en un monologue au cours duquel Gaston Carpentier fut souvent évoqué par son vieil ami. « Un homme droit, honnête, courageux, bon époux, bon père de famille, bon citoyen, bon républicain. » Ce panégyrique avait pour but de sensibiliser Pierre à ses responsabilités d'aîné. En l'absence de son père, il se devait de protéger sa mère et de veiller sur ses frères. Et ce fut alors que se glissèrent les croquis de ceux-ci, vus par Armand Dupuis : « Un original que ce François qui s'entraînait à la course à pied au bord du canal, entre Fay et Donnery, et qui négligeait son travail de vacances ! Il voulait devenir professeur d'éducation physique, ou quoi ? Comme si c'était un métier ! Paul, quant à lui, était par moments un désespoir sur deux pattes. Aujourd'hui, par exemple, dès la première matinée de classe, il avait confondu son cahier de compositions et celui de devoirs du jour ! Sans compter qu'il gardait la manie d'écrire des poèmes sur ses feuilles de brouillon. Un rêveur, ce Paul, et la vie n'est pas tendre pour les rêveurs. Restait le petit René. Ah ! lui, il aurait été vraiment parfait s'il n'avait l'habitude de dessiner partout. Un véritable besoin, chez lui, d'user ses crayons. À croire qu'il se prenait pour Greuze ! »

Armand Dupuis avait lancé ce nom parce qu'une tête d'enfant en bronze, réalisée « d'après Greuze », sortait de la pénombre à la faveur d'un rayon de soleil oblique. De ses prunelles creuses, le garçonnet fixait le bouquet de fleurs séchées qui occupait l'angle opposé de la commode Napoléon III sur laquelle il reposait. En cette fin d'après-midi d'automne, la pièce aux meubles Second Empire n'offrait plus que des demi-teintes propices à la rêverie, vers laquelle aurait volontiers glissé Pierre, si Amélie Dupuis n'était apparue dans le halo d'une lampe à pétrole. Auprès d'un abat-jour en opaline frangé de perles, le visage d'Armand Dupuis avait la noble beauté des sages de l'Antiquité. Et le tour d'horizon continua, à peine interrompu par la venue de la maîtresse de maison qui était repartie aussi discrètement qu'elle était venue...

Quand il fut question de Gisèle, Pierre Carpentier se dit que l'entretien atteignait enfin son but ! Le tableau dressé n'oubliait rien : « Une jeune fille belle, sérieuse, réfléchie, intelligente, courageuse, mais pour laquelle Maine n'avait pas eu assez d'ambition. Il fallait les aider, la mère et la fille. Il fallait soutenir la vocation théâtrale de Gisèle !

« Concrètement, dit-il, en revenant aux dispositions à prendre, vous partez demain matin, Gisèle et toi. En l'absence de ton père, il te revient la charge d'accompagner à Paris notre jeune espoir. Elle suivra des cours de déclamation pour préparer le concours d'entrée au Conservatoire. Avec un peu de chance, le grand comédien Paul Mounet l'acceptera comme élève. Accessoirement, elle travaillera chez une modiste pour assurer le quotidien. Moi, je me chargerai du reste ! »

Tout en parlant, Armand Dupuis avait sorti des tiroirs de son bureau deux billets de chemin de fer, un plan du métropolitain de Paris, et une feuille portant quelques croquis annotés de sa main. « J'ai pensé que vous seriez mieux en deuxième classe qu'en troisième, continua l'organisateur du voyage en désignant deux petits rectangles de carton rose. Surtout à cause des bagages. Tu porteras les plus lourds, bien entendu, et tu aideras Gisèle à monter, car les marches des wagons sont hautes.

– Faites-moi confiance, glissa Pierre, entre deux recommandations. Faites-moi confiance, je sais me conduire en galant homme !

– Arrivés à la gare des Aubrais, il faudra descendre. La correspondance pour Paris est assurée, sans qu'il soit besoin d'aller jusqu'à Orléans. Quelques minutes d'attente, seulement. Tu écouteras bien le haut-parleur pour connaître le quai et la voie de votre train. Pas question de vous retrouver à Nantes ou à Bordeaux ! Je n'irai pas vous y rechercher !

– Comptez sur moi, monsieur Dupuis. Ne vous faites pas de souci, lança Pierre avec une certaine fierté.

– Et vous voilà dans le métropolitain. Station Gare-d'Austerlitz, bien sûr. Tu sais y accéder, puisque tu es déjà allé à Paris avec ton père. Vous prenez la direction "Gare-du-Nord", vous changez à "Bastille", puis la direction "Porte-Maillot", et vous descendez à la station "Châtelet". » Puis, abandonnant le plan du métropolitain et le tracé de ses lignes, il désigna la feuille crayonnée. « Tu vois, Pierre, je t'ai fait un croquis du quartier de l'Hôtel-de-Ville, en notant d'une croix l'immeuble de la logeuse de Gisèle, rue de Rivoli. Mais je t'ai également signalé le *Pichet d'étain*, afin que tu puisses situer le restaurant du fils de mon ami dont je t'ai donné l'adresse. »

Enfin, glissant le tout dans une grande enveloppe, Armand Dupuis redressa la tête et regarda son interlocuteur droit dans les yeux : « En résumé, tu mets ton réveil à sonner de bonne heure, tu sais, le réveil qui s'était égaré tout seul après le départ de votre père ! Je pense que six heures moins le quart, ce serait bien. Tu prends un petit déjeuner copieux, avec Gisèle. Vous partez de la maison un peu après la demie de six heures, ce qui vous permettra d'être dans les temps sans vous presser. Et, le soir, pas question d'être en retard. Si tu rates le dernier train de l'après-midi, tu n'auras plus de correspondance aux Aubrais pour la ligne de Montargis ! »

Les recommandations auraient pu se multiplier à l'infini, si Amélie Dupuis n'avait frappé à la porte de la bibliothèque en disant : « Vite, Adrien, c'est le médecin qui vient pour ta visite de contrôle ! Tu ne l'as même pas entendu sonner !

– Ah, celui-là, grommela l'intéressé, je l'avais complètement oublié ! » Puis, s'adressant à

Pierre et lui tendant l'enveloppe qu'il avait préparée : « Eh bien, après tout, mon grand, tu peux disposer. Je t'ai fait part de ce que j'avais à te dire. Bon voyage et à demain soir !

– Ouf ! pensa Pierre, je ne risque pas de me perdre avec Gisèle ! »

9

Le Conservatoire

L'édifice de style Empire était impressionnant. Dans le hall dallé de marbre, Gisèle attendait qu'on vînt la chercher pour la conduire à la bibliothèque du Conservatoire où le professeur Paul Mounet recevait ses élèves éventuels. Pas même l'espoir de se rapprocher d'une postulante – encore eût-il fallu oser le faire – vivant aussi les transes de la première rencontre avec le maître, car celui-ci convoquait individuellement les jeunes qui aspiraient à son cours.

Quand un appariteur se dirigea vers Gisèle et lui demanda de le suivre, elle sentit son cœur battre la chamade. Elle crut défaillir en passant la porte de la bibliothèque. Et cependant, l'homme qui l'attendait avait un bon regard. Il la fit asseoir, puis lui posa quelques questions sur ses études, sur ses lectures, sur ses goûts et ses aspirations. Il s'inquiéta même de ses conditions de vie à Paris. Après une petite demi-heure d'entretien, il lui dit : « Allez jusqu'au fond de cette pièce, mademoiselle, puis arrêtez-vous, retournez-vous vers moi et dites : "Le petit chat est mort." Enfin, revenez jusqu'à mon bureau. » Gisèle s'exécuta sans se poser de questions, et ce fut sans doute pour cela qu'elle se retrouva sur la liste des élèves de Paul Mounet, inscrite à la section « déclamation ».

Les cours avaient lieu rue de Madrid, dans une salle qui servait aux examens de fin d'année, et que l'on qualifiait de « crypte ». Paul Mounet enseignait son art depuis 1897, et son expérience de sexagénaire s'ajoutait à son talent. Le personnage était à la hauteur de la renommée qui l'accompagnait. Ses éclats de voix, son vocabulaire coloré, son exubérance méridionale, tout, à la fois, fascinait Gisèle et lui faisait peur. Heureusement, elle comprit vite que ses côtés rudes cachaient un cœur d'or. Le moindre « ratage » le faisait sursauter tel un musicien entendant une fausse note, mais il proposait tout de suite son aide. « Voyons, mon petit, disait-il, ce n'est pas ça ! Tiens, regarde ! » Et il devenait pour quelques instants la Toinette du *Malade imaginaire*, ou l'Armande des *Femmes savantes*, mais, en toute circonstance, il respectait l'individualité de chacun. « Les qualités originales d'un élève, prônait-il, ce sont souvent ses défauts ! »

En sortant de la « crypte », Gisèle avait souvent une étrange sensation d'isolement. Les élèves qu'elle rencontrait aux cours de Paul Mounet étaient toujours des « anciens » de deuxième ou troisième année, venus à la demande du maître pour lui donner la réplique. Elle n'osait pas les aborder. Comment l'aurait-elle fait d'ailleurs, puisqu'ils partaient toujours en grande hâte, dès qu'ils étaient libérés, pour assister aux classes de déclamation de Georges Berr, ou de Renée du Minil, qui avaient lieu rue du Conservatoire ?

Les cours de littérature étaient empreints d'un grand sérieux, chacun se rappelant qu'ils entraient en jeu dans le concours qu'il faudrait réussir en juin, pour être élève à part entière. Par contre, ceux de maintien, pourtant d'une importance incontestable, se faisaient dans une ambiance de détente qui voisinait le relâchement. Le professeur, ex-danseuse de l'Opéra ayant pris un certain embonpoint, rectifiait sa silhouette en se corsetant serré, ce qui prêtait à sourire. Ses méthodes d'expression gestuelle faisaient le reste. Plier le bras signifiait : MOI. Le déplier : AVEC TOI. Décrire une trajectoire, paume vers le bas : JAMAIS. Associer le tout correspondant à : MOI, AVEC TOI, JAMAIS ! Quand des phrases longues servaient de thème, le tout se terminait généralement par un fou rire général.

Dans ses lettres hebdomadaires adressées à Armand Dupuis, Gisèle faisait le compte rendu des cours que lui donnait Paul Mounet. Les réponses tournaient toujours autour du thème suivant : « Mets à profit les conseils que l'on te donne, et pense à ton examen de fin d'année ! »

Au concours d'admission du mois de juin, elle y pensait, presque un peu trop ! Ses préoccupations allaient souvent vers le théâtre, même quand elles auraient dû se concentrer sur la toque de velours en cours, ou sur le bouquet appelé à garnir un chapeau ! Par contre, quand elle écrivait à sa mère, elle essayait de se sentir modiste dans l'âme, ceci pour ne pas faire de fausses notes, ce qui aurait attristé cette pauvre Maine. Donc, elle s'appliquait à évoquer son travail de petite-main, sans rien laisser supposer du manque d'intérêt qu'il représentait pour elle. Toujours dans le but de ne pas chagriner sa maman, les sautes d'humeur et les exigences de sa patronne étaient passées sous silence. Par contre, elle exposait l'atmosphère de l'atelier, animé par de jeunes personnes qui étaient toujours au courant des derniers potins de Paris ! Les nouvelles de la guerre y circulaient également, et l'on commentait les faits que nul ne pouvait ignorer : des avions allemands survolaient régulièrement la capitale, et lâchaient de temps en temps des bombes.

L'une d'elles était tombée sur le transept Nord de Notre-Dame de Paris, trouant le revêtement de zinc et mettant le feu à une poutre de la charpente. Il y avait toujours des victimes dans ce genre d'attaque ! Tout Paris s'apitoyait sur la plus jeune d'entre elles, Denise Cartier, une fillette de treize ans, blessée à la jambe tandis qu'elle jouait près de chez elle, aux abords du Trocadéro. Quand on l'avait relevée, elle avait eu cette phrase superbe : « Si c'est grave, ne dites rien à maman ! » Et ça avait été grave. Il avait fallu l'amputer, mais Denise, souriante sur son lit d'hôpital, tricotait pour les soldats.

Gisèle se gardait bien d'exposer tout cela. Pour meubler ses lettres, elle évoquait ses trajets sur les quais, qui étaient toujours si pleins de vie. On y voyait des élégantes, écrivait-elle, des hommes d'affaires, des mariniers, des cireurs de chaussures et des porteuses de pain. Des enfants, gibecière au dos, qui revenaient de l'école, des enfants plus jeunes qui donnaient la main à leur nurse, et des enfants sans âge qui tendaient la main pour quelques sous. Il y circulait des autobus, des taxis, des voitures de livraison aux chevaux piaffeurs, et Gisèle s'amusait de voir les bicyclettes, ces « petites reines », se faufiler avec adresse et par suite défier les embouteillages ! Des soldats, gradés ou non, parlaient, riaient, se retournaient au besoin, s'émerveillant des petits riens de la vie, comme s'ils avaient cru ne jamais pouvoir les retrouver...

Pour rassurer pleinement sa pauvre mère, Gisèle insistait sur les bonnes conditions dans lesquelles elle vivait, au sixième étage d'un bel immeuble de la rue de Rivoli. Sa logeuse, Laure Debienne, avait toujours des gentillesses pour elle, s'assurant de temps en temps que le matériel mis à la disposition de sa locataire était suffisant. Et il n'y avait rien à redire sur les ustensiles de cuisine, le linge de maison et le poêle à pétrole qui étaient prévus.

Ce que ne disait pas Gisèle, c'est que Laure Debienne demandait régulièrement des nouvelles du « beau jeune homme » qui était venu la conduire à Paris. Certes, des lettres s'échangeaient entre Pierre et sa « grande sœur », mais celle-ci n'en faisait pas état, et laissait supposer qu'il lui fallait passer par Maine ou Émilie pour se tenir au courant des faits et gestes de la famille Carpentier... En réalité, il savait, lui, Pierre, de la plume de l'intéressée, toute la portée de la phrase : « le petit chat est mort », mais il connaissait aussi les mille difficultés rencontrées par la nouvelle élève du Conservatoire. Il avait toujours répondu à ses messages en essayant de l'aider.

10

Le vent d'automne

Un chapeau roula sur le quai de la Seine, se mêlant aux dernières feuilles d'automne qui tourbillonnaient dans une ultime danse macabre orchestrée par le vent. Le Pèlerin se pencha, et l'attrapa d'un geste étonnamment précis, juste au moment où il allait quitter le pavé du quai pour devenir une épave filant au gré de l'eau.

« Merci, merci, monsieur ! » cria une voix claire, tandis qu'une silhouette aux cheveux ébouriffés se penchait par-dessus le parapet du pont Marie. Merci, merci. Attendez un peu, monsieur, j'arrive ! »

Le Pèlerin fut agréablement surpris par l'aspect gracieux de la personne qu'une rafale venait de décoiffer. Dans la lumière tamisée du jour déclinant, il percevait mal les traits de la jeune fille, mais il lui semblait l'avoir déjà vue.

« C'est bien normal, ma belle, d'avoir un geste généreux pour une jolie femme, gloussa le Pèlerin. Prenez l'escalier qui descend jusqu'au quai, et n'ayez pas peur. Je vous rejoins. »

En galant homme qu'il n'avait pas été souvent dans sa vie, mais qu'il savait être, il aida Gisèle à descendre les dernières marches du pont Marie. La voyant encombrée de deux cartons à chapeaux, il alla droit au but et déclara : « C'est pas étonnant qu'il s'soit envolé, vot'bibi, ma jolie, puisque vous êt' ben encombrée par les chapeaux des autres ! Vous n'avez plus d'main à vous !

– Si, si, bredouilla Gisèle. Si, si, je peux me dégager. C'est parce que j'ai été maladroite que mon chapeau s'est envolé, monsieur ! » Et, laissant glisser jusqu'au coude l'anse d'un de ses cartons ronds à l'enseigne de sa patronne, elle tendit une main mal assurée vers sa toque de velours, au ruban de soie taché de boue.

« Monsieur, qu'elle m'appelle, la jolie », dit

le Pèlerin, en se retournant vers une touffe de cheveux gris sortant bizarrement d'un sac de pommes de terre, au pied d'une arche du pont Marie : le gros Jojo. « Monsieur, reprit-il en regardant Gisèle. On m'appelle le Pèlerin, et voici ma besace ! » Joignant le geste à la parole, il souleva un pan de sa cape souillée par les ans, découvrant le vieux sac de toile qu'il portait sur l'épaule.

Gisèle, impressionnée par les lieux et les étranges personnages qui les hantaient, cachait mal son impatience. Elle souhaitait récupérer son bien, remonter l'escalier de pierre, et se mêler à la foule du pont Marie, tout simplement pour rentrer chez elle.

Le Pèlerin perçut le malaise de la jeune fille. « Faut pas avoir peur de nous, ma jolie, dit-il à Gisèle, avec bonhomie. Les clochards, c'est pas des sales gens. C'est plutôt parc'que les autres ont été de sales gens avec eux, qu'ils sont d'venus des clochards ! » Puis, regardant les cartons à chapeaux dont les lettres dorées étaient enluminées par des dessins précieux, il prit un air compatissant et s'enhardit jusqu'à mettre en cause les ateliers modistes. « Tu dois connaître ça, ma pauv'petite, continua-t-il en renonçant au vouvoiement. Tu dois connaître ça ! J'suis sûr que tu dois faire beaucoup d'chapeaux pour pas êt'payée grand-chose !

– Comment le savez-vous ? dit Gisèle, interloquée.

– Bah, c'est pas difficile, y sont tous les mêmes, les patrons !

– Non, non, il ne faut pas dire ça. Maman a des patrons qui sont très, très gentils ! Mais c'est vrai que ma patronne à moi, elle est plutôt dure ! » Et Gisèle baissa la tête, ayant un peu honte de ce qu'elle venait d'avouer.

« Ma pauv'petite, ma pauv'petite ! reprit le Pèlerin en tendant le chapeau vers la jeune fille. Si c'est pas malheureux d'user au travail une belle fille comme toi ! »

Brusquement, Gisèle se sentit la gorge serrée et eut envie de pleurer. Sa patronne lui avait retenu vingt francs sur sa paye du mois de novembre – vingt francs quand on en gagne soixante-dix ! –, prétextant des dégâts faits sur un feutre de grande qualité. « Dégâts », à la suite de pose et dépose de rubans, plumes et perles, qu'il avait fallu coudre, puis découdre, selon les caprices d'une cliente qui avait changé trois fois d'avis !

« Ma pauv'petite, ma pauv'petite ! murmura le Pèlerin, visiblement ému par une larme qui brillait sur la joue de la jeune fille. Pauv'petite, pauv'petite, j'savais ben qu't'étais malheureuse, car j'te connais. Maintenant, j'suis sûr que c'est toi que je vois passer sur les quais. Pourquoi qu'tu les arpentes si souvent dans un sens ou dans un autre ?

– C'est que, balbutia Gisèle en reniflant discrètement, j'habite rue de Rivoli, et mon atelier de mode se trouve près de l'hôtel de Sens. Pour me distraire, je passe par les quais quand je ne suis pas trop pressée.

– Mais je t'y vois passer plusieurs fois par jour, sur les quais !

– Bien sûr, car il faut reporter très vite les chapeaux auxquels je dois effectuer des retouches. Et il y a souvent des retouches à faire !

– Pardi, les belles dames, c'est difficile, et ça ne mesure pas la peine des autres !

– C'est ben vrai », acquiesça le gros Jojo tout en se propulsant vers Gisèle et le Pèlerin, sans sortir de son sac de pommes de terre, ressemblant ainsi à un bernard-l'hermite dans sa coquille ou à une larve de phrygane dans son fourreau. « C'est ben vrai que c'est pas rien d'travailler pour des gens comme ça ! Vaut mieux pas travailler du tout !

– C'est que... je n'ai pas le choix », soupira

Gisèle. Puis, avec l'élan de petite fille qui éprouve soudain le besoin de se confier, elle ajouta : « C'est pour devenir comédienne, que je suis montée à Paris, pas pour confectionner des chapeaux. Un ami des patrons de maman me paie mes cours au Conservatoire, mais je dois travailler pour vivre, en attendant que le théâtre me nourrisse !

– Bravo, cria le Pèlerin, bravo ! Ils sont bien, les gens qui montent sur les planches. Ils nous donnent toujours des sous, même qu'ils z'en donnent à c'gros fainéant d'Jojo qui va qu'au théâtre du Châtelet, parce qu'il trouve que c'est l'plus près ! On r'vient jamais bredouille, quand on va s'planter à la porte des artistes ! »

Gisèle se sentait de plus en plus émue. Elle qui se taisait sur sa vie auprès des apprenties de l'atelier et de sa logeuse Laure Debienne, elle qui ne parlait au théâtre que pour donner la réplique aux autres élèves, elle s'étonnait de s'être confiée aussi facilement à deux inconnus. Avait-elle été touchée par leur misère, par leur bonhomie, ou par la gentillesse avec laquelle ils lui avaient parlé ? Ou bien, la solitude dans laquelle elle vivait représentait-elle un fardeau si lourd à porter, qu'elle l'avait déposé à la première occasion ?

Les lettres, ça ne comblait pas tous les vides! Celles de sa maman, celles de Pierre, celles d'Armand Dupuis, elle les lisait et les relisait avec avidité, mais un courrier ne vaut pas une présence! Et puis, c'était bientôt Noël. Gisèle éprouvait un certain vague à l'âme, en essayant d'imaginer ce qu'il serait, cette année. Sa patronne ne lui avait accordé qu'un jour de repos : le vendredi 25 décembre. Quelques heures seulement à passer parmi les siens seraient donc pour elle le privilège de ce Noël de guerre!

« T'es bien songeuse, ma jolie, dit le Pèlerin après un temps de pause. En tout cas, faut pas être triste. Faut pas pleurer! Faut te dire que, ce soir, t'as trouvé deux amis! Pourtant, Jojo, il peut t'le dire, c'est pas mon truc de parler aux dames, ni à personne d'ailleurs. V'là bientôt sept ans que j'me suis isolé sous l'pont Marie, après la mort des copains de la première heure. J'voulais pu voir personne. Enfin, j'parlais ben un peu à Sanpain et Carotte, mais depuis qu'ils sont partis à la guerre, j'cause un tout p'tit peu, juste assez pour ne pas devenir fou! Mais avec toi, c'est pas la même chose. Faudra r'venir nous voir!

– C'est promis, c'est promis. Je vous quitte

pour ce soir, mais je vous dis à bientôt. Et... merci pour mon chapeau ! »

Quand Gisèle se retrouva dans la foule anonyme, elle sentit qu'un souffle nouveau l'animait, lequel prenait en quelque sorte la relève de l'enthousiasme qui avait marqué ses premières semaines à Paris.

Paris, longtemps détourné de la scène des spectacles par la scène politique, redemandait d'assister à des manifestations artistiques. Le dimanche 6 décembre, ç'avait été la reprise des théâtres. *Horace*, à la Comédie-Française, avait remporté un succès délirant, et le délire s'était donné libre cours quand Mounet-Sully avait déclamé *La Marseillaise*, à la fin du spectacle. Gisèle, admise dans les coulisses, avait frissonné d'émotion. On disait qu'à l'Opéra-Comique, la reprise de *La Fille du régiment* avait été un triomphe, avec une superbe interprétation du *Chant du départ*. Paris débordait de patriotisme ! L'apothéose était revenue à l'hymne national, chanté par Marthe Chenal. Quand elle avait étendu ses bras pour déployer le drapeau qui l'enveloppait, elle était apparue comme l'incarnation même de la Victoire...

11

La nativité

Couché dans une auge garnie de paille, un petit Jésus en plâtre tendait ses bras potelés vers un groupe d'enfants qui le regardait. Une Sainte Vierge et un saint Joseph, statufiés dans une attitude de recueillement, se tenaient agenouillés auprès du nouveau-né. Des bergers semblaient prier, tandis que leurs moutons s'intéressaient à la paille qui jonchait le sol de la crèche aménagée près d'un pilier de l'église Saint-Gervais. Tout en plâtre lui aussi, un ange rose aux ailes blanches attendait une obole. Assis, et tenant sur ses genoux une bourse dorée, il souhaitait qu'une pièce, introduite dans la fente prévue pour cela, fît basculer le contrepoids de son cou pour incliner la tête en signe de remerciement.

Lucile Béraud se releva de son prie-Dieu. Elle venait d'égrener deux chapelets, l'un à l'intention de Serge, son fils aîné actuellement sur le front d'Argonne, l'autre pour la paix. Elle s'approcha de la crèche, se recueillit quelques instants, puis sortit une pièce de son porte-monnaie, à l'intention de l'angelot en plâtre. Un bruit métallique accompagna la chute de l'offrande dans la bourse, et le petit personnage ailé dodelina de la tête.

Deux fillettes avaient suivi la scène et regardaient maintenant avec des yeux d'envie Lucile Béraud. Celle-ci comprit leur désir et ordonna à chacune quelques piécettes. N'avait-elle pas mis de côté tous les pourboires recueillis au *Pichet d'étain*, depuis le début de ce mois, pour en faire profiter les bonnes œuvres de la paroisse ? Les enfants, ravies, donnèrent leurs oboles au petit ange dont la tête bouclée s'inclina plusieurs fois vers elles.

Quand Lucile Béraud sortit de l'église Saint-Gervais, la nuit rôdait déjà autour de Paris. Le brouillard, qui ne s'était pas levé depuis le matin, commençait à s'épaissir, pour aider l'obscurité à prendre possession de la ville. De-ci, de-là, quelques lumières s'allumaient, sages lumières d'une cité qui ne devait pas signaler sa présence aux avions ennemis, pas même un soir de Noël. Notre paroissienne réajusta le foulard qu'elle avait mis sur sa tête pour venir prier, et se mêla aux petites gens qui vaquaient à leurs occupations comme à l'habitude. Malgré les bruits de la rue, un orgue de Barbarie faisait entendre sa complainte mélancolique.

Arrivée rue de la Verrerie, Lucile Béraud éprouva un certain réconfort en poussant la porte du *Pichet d'étain*, car elle retrouvait son univers. Quelques habitués se tenaient devant le bar, formant une sorte de cour autour du « patron », qu'ils interpellaient à maintes reprises. Celui-ci, Mathieu Béraud, ne se laissait pas pour autant distraire de son travail. Un torchon sur l'épaule, et un autre à la main, il essuyait des verres, les mettant régulièrement à la hauteur de ses yeux pour vérifier leur transparence.

Valérie, la servante, elle qui avait vu naître les fils de la maison, donnait furtivement un coup de balai pour faire disparaître les traces de clients peu soigneux. Georges, quant à lui, s'appliquait à décorer les tables avec des bouquets de houx. Il s'évertuait à mettre les branches rebelles dans des pots de terre vernissée, avec toute la bonne volonté dont peut faire preuve un garçon de quinze ans au naturel maladroit.

En le regardant, Lucile eut les larmes aux yeux. Depuis le début de la guerre, son fils cadet s'efforçait à rendre moins pénible l'absence de son aîné, redoublant de petites attentions. C'était lui qui avait proposé à son père d'aller chercher du houx dans les bois de Clamart, « d'un coup de vélo ! ». Mathieu lui avait répondu : « C'est une bonne idée, fiston, ça fera plaisir à ta mère. » De cela, elle en était sûre, ayant surpris la fin de leur conversation.

« La patronne est de retour ! » cria le maître des lieux, à l'intention d'un groupe occupant une table près de la porte de la cuisine. « Elle va vous faire chauffer du lait pour les enfants. » Et les clients remercièrent par avance.

« Ce sont des réfugiés venant de Reims, glissa Mathieu Béraud à l'oreille de sa femme, quand celle-ci s'approcha de lui. Je leur ai fait des casse-coûte et servi des bières, mais j'ai dit que tu t'occuperais du chocolat des enfants. »

Quand Lucile apporta des tasses fumantes aux deux fillettes et à leur frère, son mari avait rejoint les grands-parents et la maman des bambins. Les yeux cernés des femmes, le regard désespéré du vieil homme, l'apathie des gosses, traduisaient une somme d'épreuves qu'il était difficile de réaliser. Pouvait-on vraiment mesurer la détresse de gens qui avaient tout perdu, dormaient dans une cave depuis plus d'un mois, et s'en étaient remis au bon vouloir d'un camionneur pour essayer de gagner la région de Montargis où ils avaient encore quelques biens ?

« Dommage que vous ne puissiez pas être des nôtres ce soir, dit Mathieu Béraud à ses clients de passage, après qu'il se fut enquis de leur horaire approximatif, j'ai prévu une bonne choucroute, et vous en auriez profité ! » Puis, se tournant vers Georges : « À ce propos, va donc jusqu'au pont Marie pour inviter à dîner le Pèlerin et le gros Jojo. Depuis le temps que je leur promets un repas à l'œil ! Je pense que Noël, c'est une bonne occasion. » Le garçon, qui avait fini de décorer les tables, acquiesça et disparut derrière la porte donnant sur la rue, après avoir jeté une cape sur ses épaules, pour répondre aux recommandations de sa mère.

« Si seulement mon Serge pouvait être invité à une table de braves gens ! » se dit Lucile Béraud en essuyant furtivement une larme. « Ça me ferait mieux accepter qu'il ne soit pas avec nous en ce 24 décembre. » Et elle gagna la cuisine, ayant peur de ne pas pouvoir contenir toute la tristesse qu'elle ressentait en ce premier Noël de guerre...

12
Le colis

Déposé à la poste de Fay-aux-Loges par Maine en personne le 10 décembre, et portant le nom et le numéro matricule de Gaston Carpentier, le colis de Noël n'arriva que le 5 janvier suivant à son destinataire. Celui-ci l'ouvrit avec d'autant plus de hâte qu'il l'attendait depuis longtemps et qu'il pressentait pouvoir mettre un visage familier derrière chacun des présents qu'il y trouverait.

Le gilet avait été tricoté par Amélie Dupuis, les chaussettes et les gants par Maine, le passe-montagne et l'écharpe par Gisèle. Des petites cartes épinglées dans la laine et trans-

mettant les bons vœux des unes et des autres ne permettaient pas d'en douter. Aucun vêtement de cette panoplie ne venait d'Émilie. Rien d'étonnant à cela, puisqu'elle ne savait même pas tenir des aiguilles, Émilie ! Mais elle n'avait pas pour autant oublié son époux ! Un message écrit de sa main se cachait sous une boîte de chocolats.

Gaston Carpentier dégagea la lettre d'Émilie, et la déplia avec émotion. En la lisant, il avait l'impression d'être parmi les siens. Paul et René travaillaient bien en classe. Ils seraient certainement les premiers de leurs divisions, tout comme ils l'avaient été en octobre et novembre. Pierre et François arriveraient le jeudi 24, veille de Noël, avec des bulletins honorables. Du moins était-ce le point de vue d'Armand Dupuis qui avait rendu visite à leur directeur, Bernard Landré, la semaine passée. Gisèle n'aurait malheureusement que la journée du 25 décembre pour se reposer en famille, et encore, une bien petite journée, puisqu'elle arriverait par le train du matin et repartirait par celui du soir ! Enfin, elle serait là pour le déjeuner de Noël, et c'était l'essentiel ! Il y aurait aussi Amélie et Armand Dupuis au repas de midi. Maine avait déjà cuisiné un pâté de lièvre, et avait demandé à la fermière de Reuilly de lui mettre une belle volaille de côté.

Le dernier paragraphe du message d'Émilie était fait de quelques phrases affectueuses et charmantes, mais empreintes de la tristesse d'un Noël de guerre. La lettre se terminait par une exclamation qui alla droit au cœur de Gaston Carpentier : « Que de sacrifices nous sont imposés, mon pauvre et cher ami ! »

Les garçons avaient, eux aussi, apporté leur contribution au colis de Noël de leur père. Le petit René, toujours prêt à manier les crayons, avait réalisé un dessin qui représentait un soldat au garde-à-vous, mais un bouquet de fleurs à la main, enrubanné des couleurs de la France et de la Belgique. René avouait s'être largement inspiré de la carte dessinée par Scott à l'occasion de la fête de la reine Élisabeth de Belgique.

Paul, lui, n'avait pas résisté au plaisir d'écrire, à la suite d'un concours proposé à tous les écoliers de France sur le thème du patriotisme. Dans son élan, il s'était fait l'auteur d'un poème pour son père, encouragé d'ailleurs par Armand Dupuis, favorablement impressionné par l'« ode aux soldats de tous les fronts, à l'occasion de

Noël ». Elle commençait par une envolée affectueuse et lyrique :

« Père, mon ami, mon soutien,
Toi qui te fais mon défenseur
Dès que la patrie des tiens
Est atteinte par l'agresseur... »

« Un singulier ne doit pas rimer avec un pluriel », se surprit à dire Gaston Carpentier, en fixant les terminaisons du premier et du troisième vers, mais il se promit de ne pas en faire la remarque au jeune poète. Pour une fois, l'enseignant s'effaçait devant le père !

Les aînés, quant à eux, avaient uni leur savoir-faire pour glisser une photographie rehaussée par la dorure d'un cadre de bois. On y voyait Émilie au milieu des élèves de sa classe.

Gaston Carpentier éprouva une certaine fierté en retrouvant tout le charme de sa femme dans l'institutrice qui dominait du regard son jeune public. De plus, il regardait avec attendrissement les têtes des gamins dans lesquelles il avait essayé de faire entrer des règles de grammaire, des dates d'histoire, et des tables de multiplication ! Au dernier rang, dépassant ses camarades de près d'une tête, Paul semblait perdu dans ses rêves...

Assis par terre, jambes croisées, juste aux pieds de sa mère, le petit René, lui, avait une attitude coupable. Coupable de ne pas appartenir à la classe et de n'être là qu'au titre de fils de la maîtresse. Comme s'il devait passer inaperçu, on lui avait demandé de tenir une grande ardoise derrière laquelle il disparaissait en partie. On pouvait y lire :

CLASSE DES GRANDS
École de Fay-aux-Loges
27 octobre 1914

Le pauvre gosse baissait les yeux, tout en tenant son écriteau avec application. Ah, lui, René, il méritait bien son qualificatif de « petit ». Comment pouvait-il grandir aussi lentement, alors que ses frères avaient des gabarits bien au-dessus de la moyenne ? Le petit René. Un enfant qui n'avait pas été vraiment désiré, et qui paraissait vouloir s'excuser d'exister. Il redoublait de douceur et de gentillesse, tout en s'effaçant devant les autres. Un enfant qui avait besoin de beaucoup de protection et qui devait pourtant se passer d'un père...

Gaston Carpentier se secoua soudain, honteux de cet accès de sensiblerie. Il déposa vêtements, lettre, poème, dessin et photographie dans le carton de son colis. Seule la boîte de chocolats au papier glacé et à la ficelle dorée ne fut pas remise en place. Son enseigne *À la marquise de Sévigné* avait quelque chose de précieux, mais surtout d'insolite, qui valait bien un temps de pause ! « Du papier glacé et de la ficelle dorée, ça existait donc encore ! » se disait Gaston Carpentier. En dépliant cet emballage fragile, de ses doigts rugueux et crevassés, il avait l'impression de commettre un sacrilège, et sa maladresse n'avait d'égale que son émotion. La boîte apparut enfin, digne bonbonnière de ce Noël de guerre, puisqu'elle était décorée aux armes des Alliés. Gaston Carpentier admira le bois vernis, souleva le couvercle, le remit après avoir jeté un coup d'œil sur les chocolats aussi bien alignés que des petits soldats en temps de paix, puis retourna son cadeau sans bien savoir pourquoi. Une étiquette trônait sur le fond de la boîte, portant la mention : *« Chocolats au lait, 21 francs »*. Émilie avait dépensé 21 francs pour lui, alors qu'elle ne gagnait que 150 francs par mois ! Et Gaston Carpentier sentit monter en lui une grande émotion.

Brusquement, le directeur d'école trouva que l'uniforme de soldat qu'il portait pesait très lourd, et il éprouva le besoin de voir d'autres uniformes pour se consoler un peu de son sort. Il remit papier glacé, ficelle dorée et boîte de chocolats par-dessus gilet et chaussettes, prit sous le bras son colis tout juste refermé, et se dirigea vers le gros de ses camarades, à peine guidé par un fond sonore terne et triste comme le trou de la terre qui le produisait. Curieux mélange de voix assourdies et de bruits de cuillères raclant des gamelles...

13
Les épingles

« C'est à n'y pas croire ! » soupira Amélie Dupuis, tout en fouillant dans une vannerie capitonnée de cretonne qu'elle venait d'extraire de sa corbeille à ouvrage. « C'est à n'y pas croire ! » Et, assise de travers sur sa chaise, elle se mit à passer par-dessus bord les bobines de fil, les écheveaux de coton à broder, le mètre à ruban, les paquets d'aiguilles et les dés à coudre. Quelques chaussettes, à leur tour, abandonnèrent l'ombre paisible de leur cachette pour la lumière vacillante d'une lampe à pétrole, et se retrouvèrent sur la toile cirée recouvrant la table de la cuisine. Un œuf en bois tomba sur le carrelage, après avoir heurté la chaise d'Amélie Dupuis. La bonne dame se baissa pour le ramasser et s'adressa à lui comme à un fidèle serviteur : « Allons, viens. Comment ferais-je si je ne t'avais plus pour raccommoder les chaussettes de ton maître ? » Et ce fut au tour de la travailleuse[1] d'être explorée dans ses moindres compartiments.

« Ne cherche pas, Amélie, ne cherche pas, dit Armand Dupuis, tout en continuant la lecture de son journal. Tu te fatigues à tout remuer comme cela !

– Et pourquoi je ne chercherais pas mes belles épingles ? demanda l'intéressée en regardant son mari par-dessus ses lunettes. Des épingles à tête de couleur que ma sœur Jeanne m'a offertes !

– Elle t'en offrira d'autres, ou alors, moi, je t'en achèterai. Laisse tomber !

– Tu dis n'importe quoi ; ça ne retrouve pas mes épingles et ça prouve que tu n'as rien à faire de mes ennuis ! »

Armand Dupuis eut un sourire, puis il enchaîna tout en repliant son journal :

« Ça prouve surtout qu'ici, je ne peux jamais être tranquille, et que je ferais mieux d'aller

1. Petit meuble à ouvrage.

lire dans la bibliothèque que de rester dans la cuisine ! »

Puis, joignant le geste à la parole, il se leva et repoussa bruyamment sa chaise.

« Non, non, Armand, ne va pas dans la bibliothèque. Tu sais bien qu'elle n'est pas chauffée aujourd'hui !

– Mieux vaut avoir froid que d'être dérangé !

– Mais je ne te dérange pas. Je cherche mes épingles. »

Armand Dupuis se rassit, non sans grommeler : « Je veux bien rester, mais à condition que tu t'arrêtes de chercher ; ça se perd si facilement, des épingles.

– N'empêche qu'il y a un mystère là-dessous », murmura Amélie Dupuis, puis elle se tut. Glissant dans une chaussette son indispensable œuf en bois, elle se mit en devoir de tirer sagement l'aiguille...

Et le balancier de la comtoise reprit possession du silence de la pièce, concurrencé seulement par les crachotements de vapeur d'une bouilloire posée sur le coin de la cuisinière...

Amélie Dupuis n'eut la clef de l'énigme que le jeudi suivant. Ce jour-là, le fils du boucher vint apporter un morceau de jarret et un bel os à moelle pour le pot-au-feu hebdomadaire du vendredi. La tradition de ce plat avait pu se maintenir, car la bouchère, qui travaillait aussi dur que son mari depuis le départ de celui-ci, échangeait volontiers quelques morceaux de viande contre des cours de calcul ou de grammaire pour son fils.

Raoul avait de l'avance sur son horaire habituel. Armand Dupuis n'était pas encore revenu de la mairie où il se rendait chaque semaine pour tenir les registres de la Caisse d'épargne. Amélie avait demandé à son petit livreur de mettre la commande apportée dans le garde-manger de la cave. Quand sa mission fut accomplie, elle le fit asseoir dans la cuisine, et, histoire de passer le temps, se mit à lui parler.

« Alors, ça continue à bien aller, avec le nouveau maître d'école ? dit-elle, en phrase d'introduction.

– Bah ! pas toujours, à cause que j'parle pas bien et que j'sais pas toujours mes tables de multiplication ! Mais, c'qu'est chouette avec Armand Dupuis, c'est qu'on s'croirait à la guerre ! »

La bonne dame marqua un temps d'étonnement. Elle savait par expérience que Raoul s'exprimait difficilement, ce que son mari traduisait en disant que « ce pauvre gosse était à tout jamais le spécialiste des qui, des que, des quoi, des quand et des à cause que ! ». Ça, c'était admis, mais le fait que les enfants en fussent arrivés à se croire à la guerre tous les matins avait de quoi surprendre.

« Que veux-tu dire par là, mon Raoul ? questionna Amélie Dupuis. Explique-toi.

– Eh bien, voilà, on sait où c'que les Alliés avancent et où c'que les sales Boches noirs il r'culent.

– Mais les Boches, ce n'sont pas des noirs !

– J'vous ai pas dit ça, madame Dupuis. Mais, sur la carte qu'est fixée au mur de la classe, eh bien, les armées boches, c'est qu'avec des épingles noires, qu'elles sont représentées !

– Ah ! fit Amélie qui commençait à tout comprendre, tu veux dire avec des épingles à tête noire ?

– Ben dame, ben sûr !

– Et les autres armées, elles sont de quelles couleurs, mon grand ?

– Ah, ça j'le sais ! car il s'agit pas d'se tromper, avec m'sieur Dupuis ! Les épingles bleues, c'est pour les Français, les rouges, c'est pour les Anglais, et les vertes, c'est pour les Russes !

– Et les Austro-Hongrois ?

– Ben, ils sont noirs comme les Boches ! Les noirs, c'est tous les ennemis. Enfin, y'en a qui sont que presque noirs. Les Turcs, y sont que bleu marine. Même que m'sieur Dupuis il a dit, quand la Turquie s'est mise en guerre : “Ben, heureusement qu'ma femme elle a beaucoup d'couleurs d'épingles dans sa boîte à couture, parc'que c'est bien parti pour être une guerre mondiale !” »

Amélie Dupuis n'en revenait pas. Son mari lui avait pris ses épingles sans la tenir au courant. Pas étonnant qu'il lui ait dit de ne pas continuer à chercher l'autre soir ! Mais Raoul ne remarqua pas la mimique pourtant éloquente de la brave dame, et continua ses explications, trop content de pouvoir exposer ses connaissances.

« C'est pas qu'chez nous, qu'y'a la guerre, c'est partout qu'on s'bat ! Même qu'les Anglais ils veulent pas qu'les bateaux ils apportent d'quoi manger ou d'quoi s'battre aux autres ! Alors, ils bloquent les détroits. C'est l'blocus, qu'ils disent ! »

À ce moment précis, Amélie Dupuis se sentit

complètement dépassée. Ils en savaient des choses, les gosses d'aujourd'hui ! Elle le regarda avec une sorte d'admiration, oubliant ses épingles. Très excité par l'évocation de la guerre sur mer, le gamin lança triomphalement : « D'abord, moi, quand j's'rai grand, j's'rai marin, c'est d'puis que j'connais les bateaux que j'ai décidé ça. Même que m'sieur Dupuis nous a fait dessiner des cuirassés, des croiseurs et des torpilleurs. Il m'a dit qu'les miens, ils ressemblaient à des saucisses ! Mais, c'est pas grave, vu qu'Paul Carpentier, il en avait dessiné des beaux. C'est pas étonnant, puisque c'est l'fils d'un maît' d'école ! Vous l'connaissez, m'dame Dupuis ?

– Tu parles si je le connais. Lui et son frère René, je les ai vus naître.

– Eh ben, c'est justement les bateaux du p'tit René qui sont épinglés sur la carte de la classe.

– Mais il n'est pas dans votre classe, le petit René !

– Ça fait rien. Même que m'sieur Dupuis, il a dit qu'on devrait avoir honte qu'un élève de la classe des moyens, il dessine mieux qu'nous !

– Pourtant, tu m'as dit que Paul avait fait de beaux bateaux !

– Oui, mais on n'a pas pu s'en servir ! À

cause que Paul, il a renversé d'l'encre violette dessus quand Georges Asselin, il a voulu en r'mettre dans son encrier avec la grande bouteille que Paul il a fait couler malgré son bec de canard en s'protégeant avec son coude de m'sieur Dupuis parc'qui croyait qu'il allait l'battre à cause qu'y s'était trompé d'drapeaux. Les bateaux boches, ils z'avaient les drapeaux anglais, et les drapeaux anglais, ils z'avaient les drapeaux boches !

– Et qu'est-ce qui avait un bec de canard dans tout ça ? questionna plaisamment Amélie Dupuis.

– Ben, la bouteille d'encre violette qui s'est renversée ! Même que m'sieur Dupuis il a dit qu'les taches d'encre c'était bon qu'pour les bateaux boches qu'y fallait couler ! »

Entre les qui, les que, les quoi, les taches d'encre et les bateaux coulés ou qu'il fallait couler, Amélie Dupuis se sentait un peu perdue.

« Reviens donc aux soldats de chez nous, mon garçon, ce sera plus simple », dit-elle à Raoul. Elle avait à peine fini sa phrase que la porte de la cuisine s'ouvrit sur la silhouette d'hiver du maître de maison. Sans préambule, l'élève aux joues rouges et aux cheveux en bataille s'entendit apostropher, alors qu'il se levait de sa chaise, réflexe d'écolier devant le maître.

« Dis-moi, mon grand, ça fait combien aujourd'hui, 7 fois 8?

– J'sais pas, m'sieur, j'parlais d'aut'chose, bredouilla Raoul, fixant l'un des dessins de la toile cirée, comme s'il détenait la réponse.

– Toujours aussi ignorant! Rien d'étonnant à cela puisque tu n'as jamais appris tes tables de multiplication! Tu ne pourras pas être boucher comme ton père, si tu n'entends rien au calcul.

– M'sieur, j'veux pas êt' boucher, j'veux êt' marin!

– Tu ne sauras jamais compter tes moussaillons, mon pauvre Raoul. Et tu ne pourras pas être moussaillon toi-même, car tu es trop feignant pour laver le pont d'un bateau! »

Puis, tout en retirant lentement ses gants, Armand Dupuis ajouta :

« Il est vrai que, pour faire le métier de ton papa, il faut être courageux. Ce n'est pas pour toi non plus, ce travail-là! »

Posant la main sur l'épaule du gosse à la mine déconfite, et tout en l'entraînant vers le couloir, le maître dit à l'élève :

« Ne t'inquiète pas, mon grand, tu seras amiral quand je serai évêque !

– Ah, par exemple ! s'exclama Amélie Dupuis : j'ai oublié d'entretenir le feu de la cheminée que j'avais allumé pour vous dans la bibliothèque !

– Ce n'est pas grave, Amélie, ce n'est pas grave ! J'ai encore mon manteau sur les épaules, et mon élève va remettre sa pèlerine, voilà tout !

– Je vais vous rallumer quand même un feu de cheminée, reprit la maîtresse de maison en forçant le passage du couloir.

– Écoute, Amélie, dit posément Armand Dupuis en retenant sa femme par le bras, si tu veux vraiment me faire plaisir, ne te donne pas ce mal, mais parle à l'avenir de "feu de bois dans la cheminée", et non de "feu de cheminée", ce qui supposerait l'intervention des pompiers. Combien de fois oublieras-tu mes explications ? »

Amélie Dupuis n'insista pas et s'en revint à la cuisine comme une petite fille que l'on eût réprimandée. Vrai, ce n'était pas toujours facile d'être la femme d'un savant !

14

La bataille en forêt d'Argonne

La date du jour avait été écrite à la craie sur le tableau noir de la classe des grands : *Mardi 23 mars 1915.* Les pèlerines, tout juste accrochées aux portemanteaux de bois, étaient encore humides du brouillard qu'elles avaient traversé chemin faisant. Les galoches venaient de se taire, chaque élève ayant rejoint sa place et attendant, au garde-à-vous, l'ordre du maître. Un pâle rayon de soleil caressait de sa clarté oblique les tabliers de satinette noire des élèves proches des fenêtres, et atténuait ainsi l'austérité de cet uniforme d'écoliers. Quant aux manchettes de lustrine destinées à protéger les manches, elles étaient auréolées de toutes leurs taches d'encre violette.

« Asseyez-vous ! » dit le maître. Un roulement de galoches, tel un piétinement de sabots, marqua le passage de la station debout à la station assise. Puis, des claquements de sangles, des grincements de courroies et des cliquetis de boucles emplirent tout l'espace, se répercutant du tableau noir aux fenêtres, des fenêtres au tuyau de poêle, et du tuyau de poêle à l'estrade sur laquelle trônait le bureau du maître.

« Vous seriez un peloton de cavalerie s'arrêtant pour bivouaquer, que vous ne feriez pas plus de bruit, mes pauvres gosses ! dit Armand Dupuis, d'une voix bien posée. Bruyants et inefficaces, voilà comme vous êtes, lança-t-il dans un espace redevenu silencieux, on ne savait trop comment. Et la France aura peut-être besoin de vous plus tôt qu'on ne le pense. Ah, pauvre France, elle est bien à plaindre avec des galopins comme vous ! »

Puis, se dirigeant vers le planisphère qui occupait toute la surface du mur entre les deux fenêtres de la classe, le maître demanda l'attention des uns et des autres. Alors, une trentaine de têtes aux cheveux drus pivotèrent dans un ensemble parfait, le point de mire n'étant plus le tableau noir, mais la carte aux épingles.

« Rappelons rapidement les opérations navales, dit Armand Dupuis, index sur le bleu du Pacifique et regard sur le groupe des aînés de sa classe. Je vous remémore que les Alliés ont la suprématie des mers. Raoul Blanchard va nous donner la définition de ce terme que je vous ai expliqué hier.

– M'sieur, c'est à cause qu'on est les plus forts !

– Mon pauvre Raoul, tu t'exprimes toujours aussi mal, et tu n'as pas encore compris ce que pouvait être une définition ! Assieds-toi. Paul Carpentier va nous venir en aide. »

Raoul se laissa retomber sur son banc, visiblement déçu, tandis que Paul dépliait sans hâte sa grande silhouette, avant de prendre la parole :

« Suprématie vient de "suprême", qui signifie "au-dessus de tout". Dire que les Alliés ont la suprématie des mers revient à dire que nous dominons la situation en mer.

– Ce n'est pas mal, dit Armand Dupuis, ce n'est pas mal du tout. Tu as raison de dire "nous" en parlant des Alliés, puisqu'il s'agit des Anglais, des Russes et des Français. Viens

ici, Paul, et explique-nous ce qu'il faut entendre par "rendez-vous des Falkland". Prends la baguette, bien sûr, pour désigner sur la carte les différentes positions des belligérants, c'est-à-dire des combattants, depuis le 2 août 1914. »

Paul Carpentier, après s'être approché du bleu des mers, rappela l'essentiel : flotte allemande et flotte anglaise avaient livré combat au large de l'Argentine. L'une venait du Pacifique et l'autre de l'Atlantique. Elles s'étaient rencontrées à la hauteur des Falkland, pointant vers ces îles comme si elles répondaient à un rendez-vous. L'affrontement avait eu lieu le 8 décembre 1914 et se soldait par une éclatante victoire britannique.

« Bien, dit Armand Dupuis, ton exposé des faits est tout à fait correct. Je vais redonner la parole à Blanchard, qui n'aime ni le calcul ni la grammaire, mais qui s'intéresse à la guerre. »

La longue silhouette de Paul Carpentier croisa la silhouette trapue de Raoul Blanchard, un peu en avant de l'estrade. Le fils du boucher, conscient de l'honneur qui lui était fait d'approcher la carte aux épingles, arriva près d'elle en se trémoussant.

« Ce n'est pas la peine de prendre cet air guilleret pour venir nous rappeler que des milliers de soldats turcs sont morts de froid au cours de leur retraite dans le Caucase, et que nos amis russes ont du mal à faire face aux Austro-Hongrois, malgré des efforts désespérés ! Au fait, montre-nous donc où est le Caucase. »

Aidé par les affrontements des épingles à tête bleu marine et à tête verte, au sud de la Russie, entre mer Noire et mer Caspienne, Raoul s'acquitta bien de sa tâche.

« Bon, dit le maître, rappelle-nous maintenant pourquoi la Turquie a déclaré la guerre aux Alliés.

– M'sieur, c'est à cause que les Turcs, ils z'avaient plus d'quoi manger, parc'que les Anglais, ils z'avaient fait l'blocus !

– Ah, mon pauvre Raoul, je t'ai répété cent fois qu'on ne disait pas "à cause que" ! Aujourd'hui, je n'ai pas la patience de te supporter. Retourne à ta place. C'est Louis Mercier qui va prendre la relève. »

Timide et rougissant, le petit Louis vint en piste, tandis que Raoul rejoignait son banc en se disant : « Le meilleur os à moelle de jeudi prochain, ce n'sera pas pour le pot-au-feu de M. Dupuis, ce sera pour le chien ! »

Louis Mercier expliqua que la Turquie, souffrant du blocus décrété par les Anglais, avait riposté en minant le détroit des Dardanelles, supprimant toute communication possible entre flotte russe et flotte anglaise. C'était la fin de sa neutralité. « Exact ! ponctua le maître. Les Alliés ont répondu aux provocations de la Turquie en lui déclarant la guerre le 3 novembre dernier, ce qui n'a pas arrangé le moral de nos soldats. Ils n'avaient pas besoin de cela, les pauvres ! » Puis, s'en remettant aux connaissances de Louis Mercier, il continua : « Prends la baguette, petit, et montre-nous le front Est de la France sur la carte de notre pays. Tu nous préciseras où se trouve la région de l'Argonne. Pendant ce temps, Beltoise et Berruet vont distribuer les cahiers, ce qui ne les dispensera pas de suivre tes explications. Je vais vous lire un texte dont vous ferez un compte rendu.

– M'sieur, c'est pas l'heure de la lecture, hasarda un grand gaillard au dernier rang.

– Peut-être, mais c'est toujours l'heure d'obéir ! Alors, fais comme tout le monde : recopie le titre que je vous écris au tableau. » Et la craie blanche du maître traça en lettres superbes : « *La bataille en forêt d'Argonne.* »

Puis, gagnant l'allée centrale qu'il avait l'habitude d'arpenter, il se mit à lire d'une voix magistrale le texte qu'il avait retenu :

« Un peu de neige est tombée hier. Il a légèrement gelé cette nuit. Ce matin, un pâle soleil, à demi voilé, éclaire discrètement la vallée de l'Aisne où la rivière est partout sortie de son lit et la grande forêt de l'Argonne où, depuis cinq mois, jour et nuit, sans répit ni trêve, Français et Anglais se battent avec un acharnement, une rage qu'on ne soupçonne pas.

Sur cet immense champ de bataille qui s'étend de la mer du Nord à l'Alsace, la guerre des tranchées est bien loin d'offrir partout le même caractère. En certains points, les opérations sont presque entièrement arrêtées. C'est une stagnation quasi complète. À peine tire-t-on, de temps à autre, quelques salves de mousqueterie, quelques coups de canon.

En d'autres endroits, la lutte est intermittente. Un beau jour, brusquement, la bataille assoupie se réveille... Mais dans la forêt de l'Argonne, il n'y a pas un seul instant de repos ni de recueillement. Les canonniers ne quittent pas une minute leurs pièces. Les soldats des tranchées ne cessent pas de faire le coup de feu... Ils partent de bonne heure vers le bois de la Gruerie, qu'ils appellent tous le bois de la tuerie! Mais cela ne les empêche pas de s'y rendre, on ne peut plus gaillardement. C'est là que l'on creuse des tranchées, c'est là que l'on se bat, c'est là que l'on meurt!... »

Le son de la cloche invitant à la récréation se mêla aux derniers mots du texte, mais, contrairement à l'habitude, aucun bruit caractéristique de la fin d'une leçon ne se faisait entendre. Les bras restaient posés sur la table et les esprits étaient ailleurs. Ce matin, les élèves de la classe des grands n'avaient pas envie de répondre à l'appel des jeux...

15

La fête de la Gloire

« Merci, mademoiselle, merci beaucoup. Vous êtes vraiment très bonne. Vous vous donnez trop de mal pour moi !

– Ne me remerciez pas, lieutenant, bredouilla Gisèle qui n'avait pas l'habitude d'user des titres militaires. C'est la moindre des choses. » Et elle rectifia la position de l'oreiller sur lequel s'appuyait le bras bandé du soldat.

« Puisque vous n'êtes pas en tenue d'infirmière, mademoiselle, continua le jeune homme, dois-je conclure que vous êtes une artiste ?

– Une artiste, ce serait beaucoup dire, reprit Gisèle tout en déposant des béquilles auprès de la jambe inerte qu'elle venait d'allonger avec précautions. J'ai un tout petit rôle à la fin du spectacle. Je ne suis pas encore élève au Conservatoire, voyez-vous ! Je prépare le concours d'entrée qui aura lieu en juin.

– À mon avis, vous êtes sur la bonne voie, car vous paraissez avoir beaucoup de dispositions artistiques. Vous prendrez peut-être la relève de Sarah Bernhardt !

– Si seulement vous pouviez dire vrai ! s'exclama Gisèle en s'efforçant de rire, mais je n'en demande pas tant. »

La jeune fille sentait qu'un trouble montait en elle, qui lui faisait perdre le peu d'assurance qu'elle avait. Son rire sonnait faux, son regard ne savait plus où se poser, ses doigts devenaient moites. Craignant que sa gaucherie n'aille jusqu'au ridicule si la situation se prolongeait, elle amorça un pas vers la porte de la loge.

« Je vous en supplie, mademoiselle, ne partez pas déjà, implora l'officier qui ne la quittait pas des yeux. Accordez-moi le temps de l'entracte. J'ai besoin de vous parler. »

Gisèle eut un peu honte d'avoir essayé de fuir un entretien, pour la seule raison qu'elle voulait échapper à un temps fort en émotions. « Eh bien, soit, dit-elle, je vous accorde un petit quart d'heure. Je comprends que vous ayez besoin d'évoquer votre guerre.

– Ce n'est pas de cela que je veux vous parler. Notre vie de tranchées est indescriptible. Alors, nos souffrances, nos angoisses, nos terreurs, nous les gardons pour nous. J'éprouve le besoin de m'entretenir avec vous, mademoiselle, tout simplement parce que je veux m'assurer qu'une voix douce, un sourire, un visage plaisant à regarder, ça existe encore. Quand on a vécu comme des rats, on a besoin de se prouver que l'on est encore sensible aux belles choses. »

Gisèle se sentait la gorge serrée. Jamais elle n'avait approché de si près les réalités de la guerre. On disait bien que les tranchées, pour le soldat, c'était la boue, le froid, les poux, les rats, et la peur par surcroît. Mais « le soldat » n'avait pas de visage pour elle. Brusquement, il lui apparaissait sous les traits de ce jeune officier qu'elle avait mission d'aider, au cours de cette fête, et dont elle entendait les paroles comme dans un état second.

« Eh bien, continuait-il, ça peut paraître drôle, mais j'ai besoin de vous dire combien j'ai apprécié la présence des officiels à notre fête, qu'ils ont d'ailleurs appelée “la fête de la

Gloire". Ils ne sont restés qu'une heure, mais c'est une heure qu'ils nous ont consacrée. On a tellement l'impression d'être envoyé au front, puis d'être abandonné ! Voir ici le président de la République et le président du Conseil des ministres, ça réconforte. On se sent soutenu, et c'est essentiel pour combattre ! »

Combattre ! Étaient-ils encore capables de combattre, tous ces hommes qui avaient aujourd'hui les honneurs de leur pays ? Oui, sans doute. Qu'un ordre de monter en première ligne fût donné, et Gisèle était sûre que tous ces grands blessés, presque des fantômes pour certains, auraient encore la force de se lever et de répondre « présents ! ».

Ah ! ils méritaient bien, les plus atteints d'entre eux, d'avoir été installés dans les loges d'honneur, après le départ des officiels, à la faveur de l'entracte. Ils méritaient bien les discours élogieux qu'ils avaient entendus ! Quelques passages d'entre eux revenaient à la mémoire de Gisèle. René Viviani, président du Conseil, avait rendu hommage « à la vaillance des jeunes soldats qui l'applaudissaient », évoquant aussi « le sacrifice de ceux qui étaient tombés pour toujours ». Quant à Raymond Poincaré, président de la République, il avait fait vibrer la salle en affirmant : « Tant qu'il faudra combattre, la France combattra ! » Que de sacrifices, pensait-elle, pour alimenter ce grand théâtre de la guerre !

« Vous êtes bien songeuse, mademoiselle, dit le jeune officier que Gisèle commençait à parer d'une auréole de gloire.

– Comment ne pas l'être ? Tout ici nous fait prendre conscience de ce que sont les vraies valeurs. Mais... il ne faut pas que je me laisse devancer par le lever du rideau. À tout à l'heure, et, surtout, n'essayez pas de vous lever avant que j'arrive !

– C'est promis, mademoiselle, c'est promis ! »

Et Gisèle disparut derrière une porte capitonnée de velours rouge.

Avant l'entracte, on avait beaucoup donné dans le sérieux, et ceci d'autant plus que les discours officiels s'étaient multipliés. Pas de monologues ni de saynètes qui ne fussent construits sur les thèmes de l'honneur ou du patriotisme. Les hymnes nationaux, précédant le départ des ambassadeurs de toutes les puissances alliées à la France, s'étaient fait entendre dans le plus parfait recueillement. L'émotion avait été à son comble, dès les premiers accents de *La Marseillaise.*

« Venez donc avec moi dans les coulisses, dit à Gisèle une jeune personne qu'elle croisa dans un couloir, alors qu'elle rejoignait le foyer des artistes. Nous y sommes admises à titre de postulantes des planches ! Nous serons bien placées pour voir ! »

Parmi les cordages, les poulies et les décors en stuc, il était effectivement possible de « voir ». On pouvait regarder le spectacle, l'officiel, celui qui était destiné au public, mais aussi celui que représentaient les imprévus de l'envers du décor, le plus **vrai**, certainement ! Gisèle, assise avec quelques compagnes sur une caisse retournée, vivait pour sa plus grande joie l'atmosphère fébrile des coulisses.

Un défilé de mode ouvrait le banc de cette deuxième partie du spectacle, menée rondement par quelques pensionnaires s'étant découvert, sur le front, des talents de comédiens. Moyennant port de perruque et maquillage, ils arboraient des robes à la grecque, des déshabillés pour descente à la cave, et des jupons « soleil des Dardanelles », sans oublier des « corsages censurés », aux imprimés largement barrés de blancs ! Le clou de la présentation fut « la robe de chambre du parfait planqué », en lainage rouge à boutons dorés. Le mannequin d'occasion s'était ficelé un oreiller autour de la taille, pour jouer les messieurs ventrus...

Le thème des mauvais Français étant amorcé, il se continua au cours d'un divertissement intitulé : *Pourvu que les embusqués de l'arrière tiennent le coup !* Puis entra en scène, au milieu de braves poilus, une nouvelle recrue du style « fils à papa », qui s'indignait de « l'inconfort » des tranchées. On lui claironnait sur un air guilleret :

« Ici... *Y'a pas d'couverts,*
ou bien... *Y'a pas d'assiettes*
...
Mais... *Y'a pas d'poltrons*
Y'a pas d'zéros
Y'a qu'des héros
Qui tiendront bon !

Pour faire plus vrai, on avait reconstitué une « roulante », et le pan de muraille d'un fort, ce dernier retenu par deux bonnes volontés qui se cachaient derrière lui pour éviter la chute de sa fragile carcasse en carton ! Le refrain était repris par le public qui scandait la ritournelle, dans une atmosphère joyeuse et bon enfant.

Ce furent encore des cascades de rire quand un monologue mit en scène un poilu qui s'empêtrait dans ses bandes molletières, tandis qu'un autre pensait que le plus court trajet de Paris à Berlin passait par Constantinople ! Forcément, puisqu'on l'y envoyait...

Place aux gags et aux drôleries avait été faite. Restait à aborder le domaine du beau, de la grâce et du charme, ce dont s'étaient chargés les maîtres de ballets.

Le lever de rideau sur les « Provinces françaises » fut accueilli par une bruyante ovation. Chaque danseuse portait le costume de la région qu'elle représentait. Coiffes bretonnes, savoyardes, auvergnates, bonnets de la Saintonge et nœuds alsaciens étaient à l'honneur. Jupes volantées ou plissées, châles soyeux aux couleurs vives, tabliers savamment brodés, rubans d'or ou d'argent, tournaient et virevoletaient au rythme des demoiselles. Un orchestre, riche en jeunes talents, jouait des airs de vieilles chansons françaises : *Dors, mon p'tit quinquin, Sur le pont du Nord, En passant par la Lorraine...*, romances connues de tous, ce qui permettait à l'assemblée de chanter les refrains en chœur. Tout s'arrêta quand les machinistes simulèrent un orage.

Après une panique feinte, les ballerines reprirent leurs places d'entrée en scène, et s'aperçurent... qu'il manquait deux d'entre elles ! L'Alsace et la Lorraine étaient retenues par la triste muraille en carton, revenue en scène à la faveur d'un instant d'obscurité ! Aux premiers accents d'une marche militaire, ces demoiselles se dirigèrent vers le pan de forteresse qui détenait leurs sœurs prisonnières... et les délivrèrent. Quand toutes les provinces se donnèrent la main pour une farandole effrénée, ce fut du délire !

Gisèle avait quitté son poste d'observation dès l'entrée en scène des danseuses aux costumes folkloriques, répondant au signe de regroupement, fait par les habilleuses, à ses compagnes et à elle-même. Elle avait regretté de ne pouvoir assister à leurs évolutions, mais plus encore de ne pas s'offrir le plaisir de revoir le ballet illustrant la romance *Dans les jardins de mon père, les lilas sont fleuris...* La répétition générale l'avait séduite. Les danseuses, habillées de mauve et jouant de la légèreté de leurs châles blancs, avaient une grâce infinie. Et le décor de verdure, à qui les jeux de lumière accordaient l'éclat d'une radieuse matinée de printemps ou la pâle lueur d'un clair de lune, ajoutait à la forte émotion que l'on sentait monter en soi.

Quand Gisèle se retrouva dans les coulisses, vêtue d'une robe de mousseline blanche, à longue ceinture aux couleurs de la France, elle connut cette peur incontrôlable que l'on appelle le trac. Le rideau se leva sur un parterre de fleurs bleues, blanches ou rouges, en réalité ses compagnes. Encore un petit quart d'heure, et ce serait à elle, et aux autres danseuses habillées à son image, d'affronter le public... Enfn la délivrance de l'angoisse : instant de l'entrée en scène qui vous permet de ne plus penser ! On baignait dans la musique du *Boléro* de Ravel, on était un automate, on était libéré de la pesanteur. Ovations, applaudissements, rideau rouge qui coulissait encore et encore, pour permettre aux acteurs de saluer leur public, tout était normal, tout n'était que normal !

Gisèle avait un peu l'impression de marcher sur un nuage, quand elle prit l'allée conduisant à la loge d'honneur. « Son » officier l'accueillit avec enthousiasme :

« Vous étiez superbe, mademoiselle, s'exclama-t-il, superbe, et pourtant j'aurais volontiers abrégé le spectacle, tant j'avais hâte que vous reveniez auprès de moi !

– Oh ! se récria Gisèle en rougissant, c'était le costume qui faisait tout ! Une robe de mousseline blanche, pensez donc !

– Ne vous déplaise, je maintiens mon compliment ! » Puis, baissant un peu la voix, le jeune officier ajouta : « Savez-vous que vous êtes très belle, mademoiselle ? »

Gisèle sentait que ses joues s'empourpraient de plus en plus, et elle en éprouvait une gêne. Ce qu'elle connaissait était à la fois délicieux... et difficile à vivre. Le bruit qui montait de la salle l'aida à parler. « Vous vous rappelez sans doute que je dois vous aider à rejoindre la porte principale, lieutenant, dit-elle pour trouver une issue à la situation présente.

– Je vis peut-être les plus beaux moments de ma vie, dit le jeune homme tout en regardant le faisceau de drapeaux alliés qui surplombait la loge présidentielle. Comprenez le peu d'empressement que j'ai à les perdre ! Mais, j'obéis à la raison, et j'accepte de m'appuyer sur votre bras pour me lever de ce fauteuil. »

Gisèle se mit en demeure de venir en aide

à l'officier qui lui avait été désigné, lors de l'organisation de cette fête.

« Comment vous appelez-vous, mademoiselle ? hasarda le jeune lieutenant.

– Ça ne se fait pas de dire son nom à un monsieur qu'on ne connaît pas, répondit Gisèle en souriant.

– Bah ! en temps de guerre, on est en droit d'oublier les règles des convenances.

– Oui, enfin, si l'on veut... Eh bien, moi, je m'appelle Gisèle !

– Alors, vous êtes destinée à l'Opéra de Paris où vous danserez le ballet qui porte votre nom. Un très joli nom, d'ailleurs... Moi, c'est Alexandre.

– Mais, je n'envisage pas une carrière de danseuse, monsieur. Je voudrais être comédienne.

– Danseuse ou comédienne, peu importe à mes yeux. Vous avez tout le charme et tout le talent que demande une carrière artistique, et je vous souhaite de réussir ! Mais, en attendant des rôles prestigieux, accepteriez-vous d'en tenir un qui serait beaucoup plus modeste ? Accepteriez-vous, Gisèle, d'être ma marraine ? Je n'ai pas de marraine de guerre.

– Mais c'est impossible, monsieur, impossible !

– Et pourquoi serait-ce impossible ? Vous avez peut-être déjà un filleul, mais on peut en avoir plusieurs.

– Non, monsieur, je n'ai pas de filleul de guerre, mais j'ai trop d'occupations pour pouvoir en accepter un.

– Le théâtre vous prend-il à ce point, Gisèle ? Mais, rassurez-vous. Je ne serais pas exigeant ! Quelques visites au Val-de-Grâce, où je suis actuellement, me suffiraient. » Devant l'embarras de la jeune fille, il ajouta : « Ce ne serait pas trahir un serment que vous avez peut-être déjà fait à un homme. Un filleul de guerre n'est pas un fiancé.

– C'est impossible, se contentait de répéter Gisèle. C'est impossible ! J'ai beaucoup de sympathie pour vous, mais je ne peux pas être votre marraine. Il ne faut pas m'en tenir rigueur, je vous en prie. »

Ils arrivaient près de la porte principale du Palais du Trocadéro, quand le jeune officier regarda Gisèle droit dans les yeux et lui dit : « Répondez-moi franchement. Vous avez un fiancé, n'est-ce pas ?

– Oui, oui, bredouilla la jeune fille. Oui, oui,

j'ai un fiancé. » Et la grande silhouette de Pierre Carpentier apparut à Gisèle, aussi nette que si le garçon avait été à côté d'elle...

En revenant chez elle ce soir-là, l'élève du Conservatoire qui avait dansé dans l'un des ballets de la fête de la Gloire mit au point un plan pour se sortir de son impasse. Le jeune lieutenant – elle n'osait penser à lui en le désignant par son prénom – avait trop de bonté, de gentillesse et de mérite, pour qu'elle l'abandonnât à son triste sort. Il était originaire du Bordelais, et, par suite, n'avait aucune famille auprès de lui. Mais elle, Gisèle, ne pouvait accepter d'être sa marraine. Cette responsabilité ne convenait qu'à des jeunes filles de bonnes familles, riches de loisirs pour tricoter, et d'une bourse prévoyant l'achat de friandises, afin de gâter leur filleul. Or, du temps, elle n'en avait guère, et de l'argent, elle n'en avait pas ! Tout juste équilibrait-elle son budget, et encore, en se contentant souvent d'un bol de lait et d'un morceau de pain pour dîner. Et puis, il devait être de bonne naissance, ce jeune homme. Il pouvait prétendre à une marraine de sa condition, et Gisèle se persuadait qu'elle l'avait trouvée : Geneviève

Debienne, la petite-nièce de sa logeuse, cherchait justement un filleul ! Elle avait quinze ou seize ans. Elle était jolie, elle sortait d'un pensionnat religieux, et son père était riche. Il suffirait de parler du beau lieutenant de la fête de la Gloire à Laure Debienne pour que l'affaire soit conclue. Ce qui n'empêcherait pas Gisèle d'aller de temps en temps au Val-de-Grâce ! C'était aussi simple que cela.

16

L'orage

« Il ne sera pas dit qu'une de mes employées fréquente des clochards », affirma la patronne de l'atelier de mode. Elle rectifia la position d'une hirondelle sur un chapeau de paille, puis, arrêtant ses gestes et regardant sa cliente dans les yeux, elle interrogea : « Êtes-vous bien sûre, madame, qu'il s'agissait de Gisèle ?

– Tout à fait sûre. D'ailleurs, ce n'est pas la première fois que je vois votre employée aux abords du pont Marie. Et, hier, c'était bien elle qui parlait à deux clochards, à deux gueux, si vous préférez !

– Oh ! la diablesse ! Elle mérite la porte et

elle l'aura ! Seigneur, c'est me déshonorer, c'est déshonorer mes clientes !

– Pour sûr, reprit la dame dont l'hirondelle avait décidément beaucoup de mal à se placer. Pour sûr, mais ne vous rendez pas malade pour autant. Personne d'autre que nous deux n'en saura rien ! Moi, je me tairai là-dessus, et vous, chère madame, vous ne serez pas obligée de donner les raisons du renvoi de Gisèle. D'ailleurs, un jour ou l'autre, elle devait mal tourner, cette fille. Pensez, à fréquenter sans cesse ces gens de théâtre !

– Oui, je suis au courant. J'avais d'ailleurs beaucoup hésité à l'embaucher à cause de cela. Et puis, elle venait de province ! Elle ne pouvait avoir le doigté des Parisiennes en matière de chapeaux. Ah ! si elle ne m'avait pas été recommandée avec insistance, je ne l'aurais jamais admise dans mon atelier !

– Et qui vous l'avait recommandée, chère madame ? Enfin... si je peux me permettre de vous poser cette question.

– Un grand restaurateur, répondit la patronne du *Ruban de velours*, tout en pensant que le terme de « petit aubergiste » aurait été plus exact. Mais il ne fallait jamais risquer de déchoir aux yeux de la clientèle !

– Alors, je vous comprends. Vous ne pouviez pas refuser. Une réputation peut naître ou s'évanouir au cours d'un repas. Imaginez que vous ayez refusé la protégée de ce grand restaurateur et qu'il ait voulu se venger de vous. Eh bien, il répandait le bruit que votre maison n'était pas une maison sérieuse, et c'en était fini de votre métier !

– Vous êtes par trop sévère, chère madame, dit la modiste d'un air pincé.

– Mais non, mais non. Et c'est pourquoi, contrairement à ce que j'avançais tout à l'heure, je pense que nous devons partager notre secret avec ce grand restaurateur. Il saura ainsi que le renvoi de Gisèle est justifié. Qu'il n'aille pas se venger de vous en critiquant votre atelier ! Tenez, si mon mari entendait dire que vos chapeaux ne sont pas les dernières créations de Paris, il m'interdirait de venir chez vous ! »

Flattée de ce compliment indirect, la patronne du *Ruban de velours* retrouva sa voix suave pour affirmer que tous ses modèles étaient à la pointe de la mode. D'ailleurs, ajouta-t-elle, ce n'était pas rien de maintenir une réputation en temps de guerre. On rencontrait tant de difficultés !

L'hirondelle avait enfin trouvé sa place entre

une fleur de clématite et un bouton de rose. La cliente fut reconduite avec la politesse d'usage jusqu'à un vestibule capitonné de bleu pâle, où attendaient d'autres dames en quête de chapeaux.

« Vous pouvez compter sur moi, chère madame », assura la modiste à sa « charmante » cliente. Puis elle revint vers le salon d'essayage, une seule idée en tête : renvoyer au plus tôt cette petite provinciale indélicate.

Gisèle se retrouva sans travail à une période où elle aurait précisément pu consacrer plus de temps qu'elle ne l'avait fait jusque-là à ses chapeaux, puisque les cours d'art dramatique venaient de cesser au Conservatoire, en raison de la saison d'été.

Être mise à la porte de l'atelier de mode, elle, Gisèle, pour faute professionnelle ! C'était terrible, mais il fallait se plier à cette injustice. Bien des fois, sa patronne lui avait exposé qu'il ne fallait pas se croire « arrivée » parce qu'on s'était éloigné de sa campagne pour monter à Paris. Des provinciales comme elle, il y en avait des centaines, bien décidées à refaire le monde et qui s'étaient retrouvées sur le pavé...

Le pavé, pour le moment, Gisèle l'arpentait d'un pas vif, marchant sur les bords de la Seine pour ne pas étouffer de colère dans sa petite chambre surchauffée. La soirée de ce dernier jour de juillet était lourde de l'orage qui menaçait. Aux terrasses des cafés, on buvait de l'absinthe ou des sirops glacés. La buée des verres était prometteuse de fraîcheur, mais il fallait savoir être raisonnable, car les consommations étaient chères.

Pour mieux profiter des rares souffles d'air, Gisèle avait relevé les manches de son corsage jusqu'aux coudes. Ça ne se faisait pas de découvrir ainsi ses bras, mais elle se moquait bien des convenances ! Son petit sac à fermoir d'écaille, dont elle serrait convulsivement l'anse bleu lavande assortie à sa jupe, tressautait au rythme de ses pas. Elle n'avait même pas mis son canotier de paille. Elle était sortie « en cheveux ». Au moins ne serait-elle pas en infraction avec la police qui avait interdit le port des épingles à chapeaux !

En infraction avec sa patronne, mais pas avec la police ! Sa patronne. Mais elle n'était plus sa patronne, cette grosse dame fardée, puisqu'elle avait rompu le contrat qui les unissait ! Elle n'était plus rien pour elle, cette grincheuse qui lui avait reproché d'adresser la parole à des clochards. Des clochards ! Des gens d'exception, aurait-il fallu dire. Mais elle, elle ne pouvait pas comprendre. Elle n'avait sûrement pas connu le manque d'argent, le froid et la faim. C'était une égoïste, insensible à la misère d'autrui.

Peu à peu, la vision de la patronne haïe s'estompa, et Gisèle, après avoir renoncé à se rendre au pont Marie pour tenir le Pèlerin et Jojo au courant de ses ennuis, se mit à envisager la situation avec plus de calme. Elle pouvait aller passer le mois d'août à Fay-aux-Loges, puisqu'elle n'avait plus d'obligations à Paris, mais comment cacher à tous qu'elle cherchait du travail ? Des vacances d'un mois, ça n'existait pas quand on était modiste ! Et puis, comment ferait-elle à son retour à Paris ? Sa mère allait être désolée de son renvoi, elle qui était « dans sa place depuis toujours ». Mais vivre à Paris demandait tellement d'argent qu'il n'était pas question de se contenter des petites sommes que lui envoyait Maine. Pas question non plus de lui demander des versements plus importants. Elle économisait pour essayer de racheter la maison de ses parents, et c'était bien là son droit !

Tout expliquer à Armand Dupuis ? Il aurait certainement donné tort à une patronne qui avait renvoyé son employée sans raison valable. Il aurait peut-être même proposé de verser plus que le montant des cours, en attendant qu'elle trouve un autre travail. Mais c'eût été un manque de fierté que d'accepter, donc, ce n'était pas à envisager. Il fallait absolument se faire embaucher par une autre modiste, ou par qui que ce fût !

Le restaurateur qu'elle avait vu le jour de son arrivée à Paris, fils de l'ami des Dupuis au temps de la Commune, aurait peut-être besoin d'elle. Mieux valait chercher dans la restauration plutôt que dans la mode. Au moins, elle ne s'entendrait plus dire que les filles de la campagne n'ont pas suffisamment de goût pour bien coiffer les Parisiennes ! Même dans le monde du théâtre, on était parfois sévère avec les gens de la province. Paris ne tolérait-il donc les provinciaux que pour se pourvoir en bonnes à tout faire, en bonnes d'enfants et en valets de chambre ?

Eh bien, elle serait bonne à tout faire, ou serveuse, ou lingère, ou aide-cuisinière. Elle pouvait prétendre à tout cela ! Ce qu'il lui fallait, c'était gagner de l'argent au plus vite.

Avec un peu de chance, l'ami des Dupuis aurait besoin d'une serveuse...

La nuit tombait. Des éclairs zébraient le ciel devenu d'encre, et leurs stries aveuglantes se reflétaient sur les eaux tourmentées de la Seine. Le tonnerre grondait par intermittence. Gisèle était parcourue par des frissons de peur, comme au temps de son enfance, quand l'orage rôdait autour du clocher.

En ce temps-là il y avait sa mère, sa mère qui se moquait d'elle, mais restait à ses côtés et lui prenait les mains pour la réconforter. Il y avait Gaston Carpentier qui lui expliquait les causes d'un orage, et lui rappelait qu'un paratonnerre protégeait la mairie et par suite leur maison qui lui était attenante. Il y avait Émilie Carpentier, merveilleuse de sereine inconscience, qui fredonnait des cantiques appris au couvent. Il y avait les aînés, Pierre et François, qui lui soutenaient que les garçons n'avaient peur ni du tonnerre, ni des éclairs, et finissaient par s'en persuader. Il y avait, il y avait... Il y avait eu un temps où il était doux d'avoir peur de l'orage, mais ce temps était bien révolu !

Un tourbillon de vent, chargé de quelques feuilles sèches et de toute la poussière de l'été, atteignit Gisèle au visage, tandis que de grosses gouttes de pluie commençaient à s'écraser sur le pavé. D'une main, la jeune fille se protégea les yeux, et, de l'autre, elle poussa la porte massive de son immeuble. Elle était arrivée.

Il lui faudrait le temps de monter six étages – les six étages de l'escalier de service –, de faire un brin de toilette, de manger une tartine de fromage blanc, de boire une eau tiédasse colorée de réglisse, avant de prendre la plume et d'écrire à Pierre. Car elle avait besoin de se confier, et il n'y avait vraiment que Pierre, malgré son très jeune âge, qui fût digne de recevoir ses confidences.

Tout en regroupant ses forces pour monter les deux derniers étages qui la séparaient de sa chambre, Gisèle se mit à repenser, sans trop savoir pourquoi, au jeune officier de la fête de la Gloire. Elle n'avait pas de reproches à se faire vis-à-vis de lui, car elle était allée le voir régulièrement au Val-de-Grâce depuis leur rencontre. Mais l'attitude d'Alexandre, faite d'une grande réserve émaillée parfois d'élans spontanés, était difficile à comprendre...

Le fracas de la pluie se mêla aux craquements des marches de l'escalier, à ceux des lames du parquet de la chambre, et au bruit de l'eau versée dans une cuvette de porcelaine.

Elle accompagna le dîner de Gisèle : tranche de pain toute blanche de fromage blanc. Puis elle s'estompa, se fit discrète, déçue sans doute du peu d'attention que lui accordait la jeune fille. Enfin la plume courut sur le papier, libérant les pensées étouffantes de la journée :

Paris, ce samedi 31 juillet 1915,
11 heures du soir.

Mon Pierre,

Un orage vient de s'abattre sur Paris. Le voile de la nuit qui enveloppait la ville était déchiré par de gigantesques éclairs. Ils illuminaient de lueurs fantastiques les monuments en bordure de Seine. Moi, j'arpentais les quais, et j'avais peur, mais je ne voulais pas céder à la tentation de rejoindre ma chambre.

D'ailleurs, en l'occurrence, ma chambre n'était pas plus un refuge que les rues de Paris ! Je n'ai plus de refuge. Je n'ai plus de protecteurs. Je suis livrée à moi-même pour le meilleur et pour le pire, rien que pour le pire, il me semble !

Pierre, je n'en peux plus. J'ai peur que le théâtre ne soit qu'un mirage. Le mois dernier, je vous ai annoncé mon admission au Conservatoire, mais je me suis bien cachée de vous dire que j'arrive dans les dernières places, au classement général. Pourtant, le rôle de Toinette dans la scène de consultation du Malade imaginaire, *je le possédais vraiment, mais j'ai été paralysée par le trac. J'ai déçu mon professeur Paul Mounet, il me l'a dit... Certains jours, je pense que je n'arriverai pas à me faire une place au théâtre, pas même une petite. Pierre, quand on a la malchance de naître dans un milieu pauvre, on manque d'assurance. On ne peut échapper à son destin, qui est de mener une vie de pauvre !*

Cependant, c'est ma mère que j'aurais choisie entre mille, que dis-je, entre cent mille, si j'avais eu à choisir celle qui devait me donner le jour !

Pierre, tu ne sais pas ce que c'est qu'un été à Paris ! On étouffe ! On cherche désespérément un peu d'air, comme le poisson qui vient d'être rejeté sur la berge recherche l'eau de la rivière !

L'eau. Les parties de pêche. Les promenades en barque sur notre canal. Les grands roseaux. Les nénuphars. L'allée de tilleuls au bout de laquelle j'allais vous retrouver, toi et tes frères. Les platanes de la cour. Le banc de pierre du jardin de ton père. Les ombrelles de ta maman. Les framboisiers derrière lesquels nous nous

cachions quand nous étions enfants. En ce temps-là, les étés étaient plus faciles à vivre qu'ils ne le sont maintenant, sais-tu ?

Pierre, tu ignores ce que c'est qu'un été à Paris ! Ou bien l'atmosphère est lourde à t'écraser, ou bien de forts tourbillons de vent chargés de poussière et de mauvaises odeurs risquent de t'enlever, ou bien l'orage s'acharne sur la ville et ce sont des grondements de tonnerre, puis des hallebardes de pluie ! Tiens, il pleuvait le 13 juillet dernier quand on a transporté les cendres de Rouget de Lisle, depuis Choisy-le-Roi jusqu'à Paris. Quel déluge ! Il pleuvait presque aussi fort qu'il a plu ce soir !

Pierre, tu ne sais pas ce que c'est qu'un été à Paris ! À force de chaleur, à force de fatigue, à force de solitude, on a l'impression de perdre la raison...

Pierre, réponds-moi vite, je t'en prie. je t'embrasse.

GISÈLE.

P.-S. : *Je dois te dire que je n'ai plus de travail. C'était d'ailleurs le but de ma lettre. Ma patronne m'a mise à la porte sans aucune raison valable. Que vais-je devenir ?*

17

L'été de la résignation

Au cours de l'été 1915, on s'installa dans la guerre. Le 2 août avait été ressenti comme un triste anniversaire qu'il fallait passer sous silence... Tout avait si mal tourné depuis ce dimanche d'été de 1914 qui avait vu le départ enthousiaste des hommes répondant à l'appel de la France ! La guerre supposée « fraîche et joyeuse », courte par surcroît, prenait l'aspect d'une tragédie sordide dont on ne voyait pas la fin : on n'avait pas d'autre solution que de s'y habituer, bien qu'elle fût hideuse, et couleur de la boue dans laquelle elle se déroulait. Ah ! elle n'avait pas le panache de celles du

Premier Empire, ni les couleurs des bataillons azur et garance de 70 !

Les braves gens ressentaient quelque gêne à savoir leurs armées enterrées. Il leur semblait que les soldats avaient signé avec la terre un pacte de dupes. Elle acceptait qu'ils la creusent et lui demandent le relatif abri d'un boyau ou d'une tranchée, mais elle exigeait, pour le rachat de ses moindres parcelles, le prix du sang. En Artois, en Argonne, en Champagne, combien de lopins de terre avaient été perdus, repris puis reperdus, moyennant la vie de milliers d'hommes ! Héroïsme sans gloire, triomphe de l'absurde.

En province, on osait à peine croire ce que l'on entendait dire : Paris regorgeait d'embusqués qui éclaboussaient les petites gens de leur luxe tapageur. Cela paraissait tellement invraisemblable et scandaleux ! Cependant, il fallait bien admettre que tous les hommes valides n'étaient pas au front. Il y avait des planqués !

Quand les Parisiens croisaient ces lâches, tenant leur situation privilégiée à des relations chèrement entretenues, ils ne cachaient pas leur indignation. Et les pauvres permissionnaires, affublés de leurs uniformes à bandes molletières qu'ils avaient décrassés tant bien que mal, exprimaient par leurs regards plus de stupeur que de mépris quand ils rencontraient ces insolents vêtus à la dernière mode. Une immense amertume montait en eux, devant cet étalage de l'argent mis au service de la lâcheté.

Tout au long de l'été de la résignation, Maine s'était gardé au cœur un rayon de soleil, la fierté qu'elle ressentait depuis que sa fille avait participé à la fête de la Gloire. C'était sa Gisèle qu'on avait choisie – du moins le croyait-elle – pour représenter la France devant le président de la République et les grands blessés de guerre. De quoi satisfaire un orgueil de mère ! Peu importait qu'une petite entorse ait été faite à la réalité. Que sa fille ait représenté la France, ou porté les couleurs de la France, que le président Poincaré ait vu le spectacle intégralement ou en partie, c'était une question de détail... Alors, pourquoi ne pas retenir la version qui comblait un cœur de mère ?

Au reçu de la lettre de Gisèle, datée du 31 juillet, Pierre avait trouvé préférable de laisser Maine dans l'ignorance du renvoi de sa fille. Mais, en réponse à l'appel qui lui était adressé, il avait décidé de se rendre au plus vite à Paris. Prétextant la prise en charge d'un correspondant américain débarquant à la gare Montparnasse, et moyennant la falsification d'un billet de sortie à l'en-tête de son école, il avait pu mener son projet à bien, trompant la distraite attention de sa mère, mais aussi la redoutable curiosité de Maine et la terrible vigilance d'Armand Dupuis. Les nouvelles activités du tuteur des fils Carpentier avaient peut-être sauvé la situation : il s'agissait de faire sortir des bas de laine les écus d'or pour les remettre au Trésor public qui venait de lancer un emprunt devant couvrir les dépenses de guerre !

À l'arrivée de Pierre à Paris, Gisèle avait fondu en larmes. L'émotion, bien sûr, mais aussi la détresse où elle se trouvait depuis son renvoi. Le chef de famille par intérim s'était alors efforcé de faire refleurir l'avenir. On pouvait compter sur le restaurateur Mathieu Béraud, fils de l'ami d'Armand Dupuis. C'était lui qui avait trouvé logement et travail, l'été dernier. En évoquant l'atelier aux chapeaux, Pierre s'était efforcé de plaisanter. Il fallait user de ses relations, affirmait-il, pour que la grosse dame fardée responsable de leurs soucis fût envoyée au front décorer les casques métalliques, nouvelles coiffures des soldats. Ça lui apprendrait à vivre ! Pour peu que le vent lui offrît les derniers parfums de la guerre, appelés encore gaz asphyxiants, plus jamais il ne serait question d'elle !

Le visage de Gisèle s'était éclairé d'un sourire. En quelques instants, elle avait retrouvé Pierre et ses drôleries, Pierre et son art de tout résoudre. Son Pierre. Elle s'était rendue avec lui au *Pichet d'étain*. Chemin faisant, Gisèle avait appris avec intérêt quelques détails sur la vie de la famille Béraud. Le fils cadet, un certain Georges, avait échangé avec Pierre correspondances et timbres de collection. Ceci par sympathie réciproque et par affinité due à leur âge : tous deux étaient nés en janvier 1900 !

Mathieu et Lucile Béraud avaient très bien accueilli les protégés d'Armand Dupuis, regrettant seulement de n'avoir nul besoin de main-d'œuvre supplémentaire. Les affaires s'étaient ralenties. Une des conséquences de la guerre ! Gisèle était cependant repartie avec l'assurance que l'on ferait appel à ses services chaque fois qu'il y aurait un peu de presse. Hélas ! on ne pouvait pas compter sur Serge, classe 1914, qui, à titre de jeune recrue pour le service militaire, s'était vu envoyer dans les tranchées de l'Argonne... Triste destin du fils aîné des Béraud !

Au cours des mois suivants, Gisèle avait pu constater que les patrons du *Pichet d'étain* restaient fidèles à leur promesse. Ils envoyaient Georges la prévenir, chaque fois qu'on attendait son aide. Ils étaient agréables, ils payaient bien, et s'intéressaient à elle sans ostentation ni mauvaise curiosité. Dommage que les affaires fussent si calmes !

Quand Gisèle, vivant des revenus de son nouveau travail et de ses économies qui s'amenuisaient, était allée à Fay-aux-Loges à l'occasion de la fête du 15 Août, elle avait bien gardé pour elle son inquiétude du lendemain. Pierre, cependant, la devinait, et François également, puisque son aîné l'avait mis au courant de la situation. Difficile de lui cacher la vérité, à lui qui savait que le correspondant américain n'existait pas ! On se taisait sur ses cours de musique à Donnery, et c'était assez pour être assurés de sa discrétion.

Les vacances des fils Carpentier, en ce deuxième été de guerre, avaient été différentes de toutes les précédentes. Les guerres ont ceci de particulier, entre autres choses, qu'elles projettent brutalement les jeunes générations dans le monde des adultes.

La moisson supposait des bras puissants, mais comme ceux-ci portaient des fusils, elle avait réquisitionné les bras osseux des vieillards, les bras ronds des femmes, les bras longs des adolescents, et même les bras encore potelés des enfants... Pierre était devenu « gars de batterie », et son travail consistait à mettre inlassablement des gerbes de blé dans une machine qui hoquetait pour en extraire les grains. Il revenait le soir, gris de poussière, ivre de soleil, et étourdi du vin qu'on lui avait fait boire. François n'était allé rejoindre Pierre qu'aux moments de grande presse. Dans ce monde de poussière, de bruit, de fatigue et de soif, jamais les deux frères ne s'étaient sentis aussi proches l'un de l'autre.

Un soir, au cours du dîner, ils en étaient venus à parler de trois prisonniers rencontrés auprès de la batteuse. Ils avaient ajouté que des Allemands sans uniforme ni casque à pointe n'étaient que de braves types à la figure bonasse. Alors, on était rapidement passé du ton plaisant à celui du drame, car Maine avait repoussé la miche qui se trouvait sur la table, en criant qu'elle préférait se laisser mourir de faim, plutôt que de manger « le pain du déshonneur » ! Le blé français sali par des Boches ! On était tombés bien bas !

Dès lors, les garçons avaient compris qu'ils ne devraient jamais faire allusion aux prisonniers qui les aidaient. Et lorsqu'ils apprirent, par une lettre des services de santé, que leur père avait été blessé « quelque part en Argonne », Maine fut prise d'une telle frénésie de vengeance que les deux frères jugèrent prudent de ne plus aborder ce sujet. « Un homme aussi bon que Gaston Carpentier. Si c'était pas une honte ! Ça méritait bien la mort de deux ou trois Boches ! » Et tout dans son attitude montrait qu'elle était prête à exécuter sa sentence séance tenante.

Depuis, à la table du dîner, on se contentait de parler des petites nouvelles du pays, et l'on commentait souvent les activités de Paul et de François, car les légumes qu'on dégustait ne pouvaient faire douter de leurs aptitudes au jardinage ! Ils étaient passés maîtres dans l'art de planter, de repiquer, de tailler, de désherber et d'arroser.

Au reçu de la première lettre de Gaston

Carpentier écrite après sa blessure, Émilie avait été plus étonnée qu'inquiète. Certes, son époux, atteint à la tête par un éclat d'obus, souffrait d'une fracture du crâne, mais les chirurgiens assuraient qu'elle ne présentait pas grand danger. La convalescence serait pour bientôt.

Le ton de la lettre, en revanche, avait inquiété Émilie. L'amertume qu'elle percevait de toute part. Gaston, un vrai patriote, qui parlait de « gaspillage de vies humaines », et qui terminait son message par une exclamation désabusée, combien lourde de sens : « Tout cela pour une question de frontières ! »

Émilie avait vu dans la reprise du travail une échappatoire. L'intérêt qu'elle portait à ses fonctions d'enseignante lui permettait de ne pas trop se poser de questions sur le bien-fondé de la guerre. Et puis, il ne fallait pas verser dans le pessimisme ! Fin septembre, on avait été en droit de reprendre espoir quant à la situation militaire. En Champagne, sous la direction du général Pétain, nos troupes avaient effectué une percée, bien qu'elles eussent été gênées par des pluies diluviennes. Ce n'était qu'une demi-victoire, disait-on, car la seconde ligne des troupes allemandes avait été infranchissable. Mais cela valait mieux que pas de victoire du tout !

Le jour de la rentrée scolaire, Émilie ne s'était cependant pas accordé le privilège de mettre son corsage rose. Par les temps qui couraient, c'était une couleur par trop optimiste... et puis, elle se rappelait l'avoir porté un an auparavant. Pour accueillir ses élèves, elle avait donc choisi le dernier ensemble de sa garde-robe. Il était bleu pâle, bleu horizon en quelque sorte, ce qui avait donné à penser que même Émilie Carpentier s'était installée dans la guerre...

18

Le glas de Saint-Gervais

La grosse cloche de Saint-Gervais égrenait des notes lancinantes, toujours les mêmes, tristes comme la mort, et c'était précisément la mort qu'elle voulait évoquer en ce 2 novembre 1915.

Gisèle marchait allégrement, ayant relevé le col de son manteau gris qui entamait son troisième hiver. Quand on a tout juste de quoi manger, on ne renouvelle pas sa garde-robe tous les ans ! Et puis, il y avait plus malheureux qu'elle. Des femmes connaissaient l'horreur de la prison. Louise de Bettignies, responsable d'un réseau de renseignements en faveur des Alliés, avait été arrêtée en octobre près de

Tournai, et attendait d'être jugée. Quant à la pauvre Edith Cavell, cette infirmière anglaise ayant aidé des prisonniers alliés à s'évader, elle venait d'être exécutée par les Allemands, après un simulacre de procès.

Gisèle, machinalement, du bout de ses bottines, repoussait les feuilles sèches, au rythme de la grosse cloche qui égrenait le glas de ce jour des morts. Pour quelle multitude sonnait-elle, cette cloche au son lugubre ? Et combien, parmi les vivants de ce matin, seraient-ils les nouveaux morts de ce soir ? Mais, dans ce décor d'automne aux couleurs flamboyantes, Gisèle se sentait la vitalité d'une eau de torrent. À dix-neuf ans, on a le droit de vivre !

La jeune fille connaissait une certaine sérénité depuis qu'elle avait renoncé à chercher du travail dans le domaine de la mode. Les ateliers parisiens ne voulaient pas d'elle, eh bien, elle se passerait d'eux. Elle se contenterait d'extras chez Mathieu et Lucile Béraud, et, quand ses économies seraient épuisées, ma foi, elle aviserait. Vivre au jour le jour, c'était sans doute la bonne formule en ces temps difficiles, tout comme le faisaient le Pèlerin et le gros Jojo à qui elle venait de rendre visite. Enfin, autant que l'on puisse parler de « rendre visite » à des gens qui vivent en plein air et dans les courants d'air d'un pont ! Le Pèlerin l'inquiétait. Ce matin, elle l'avait trouvé bien fatigué, et il toussait beaucoup. Quant au gros Jojo, pour mieux se protéger des premiers frimas, il avait multiplié le nombre de sacs vides sur son lit de fortune. Ce n'était quand même pas une solution, que de vivre sous le pont Marie ! Il faudrait envisager de les faire admettre comme indigents dans l'un des hôpitaux de Paris. En s'adressant à Laure Debienne, ce serait peut-être possible. Elle avait des relations, et elle ne manquait pas de cœur. Dommage que les modistes auxquelles elle s'était adressée n'aient pas eu besoin d'une employée.

Laure Debienne... Geneviève Debienne... Alexandre. À l'évocation de ce nom, le cœur de Gisèle battit un peu plus vite. Cela faisait près d'un mois qu'elle n'était pas allée au Val-de-Grâce. Elle savait que le jeune lieutenant de la fête de la Gloire y était toujours, cela par une lettre qu'il lui avait adressée récemment. Ce n'était pas très correct de ne répondre ni par courrier, ni par une visite, d'autant plus que le jeune homme devait être opéré. Elle prit la soudaine décision d'aller le voir dans l'après-midi. Mathieu Béraud lui avait donné hier une boîte de gâteaux : ce serait pour Alexandre. Elle l'envelopperait d'un beau papier et l'entourerait d'une ficelle dorée. Après tout, ce n'était pas prendre la place de Geneviève que de gratifier d'une visite d'amitié un grand blessé de guerre !

L'après-midi, Gisèle s'étonna d'avoir gardé son dynamisme du matin. Souvent, elle connaissait des périodes d'enthousiasme qui ne duraient pas plus qu'un feu de paille ! Aujourd'hui, elle constatait avec plaisir que ni les difficultés du moment ni les notes désespérées du glas de Saint-Gervais n'avaient eu raison de son goût de vivre.

Le temps de son repas frugal, Gisèle avait réfléchi aux conversations qu'elle pourrait avoir avec Alexandre. Bien sûr, il lui faudrait parler de la guerre. Les récents combats d'Artois se soldaient par quelques victoires françaises dont on ne pouvait se réjouir qu'avec mesure, tant les pertes en hommes et en matériel avaient été lourdes ! Gisèle savait qu'elle se sentirait plus à l'aise dans les conversations relatives au théâtre. Et le jeune officier s'intéressait tellement au théâtre... ou faisait tellement semblant de s'y intéresser ! Les cours reprenaient au Conservatoire, et elle apprenait beaucoup de choses dans les coulisses.

À la Comédie-Française, *Colette Baudoche* n'avait remporté qu'un demi-succès, malgré le sublime de son sujet : une jeune fille sacrifiait son amour, au nom de son patriotisme. Thème sans doute trop brûlant d'actualité pour faire l'unanimité. Et l'on prenait des risques du même ordre en préparant une pièce sur les héros de l'air. Par contre, Sarah Bernhardt s'envolait au-dessus du quotidien, en montant son théâtre *Allégories des cathédrales de France*, elle-même personnifiant celle de Strasbourg. Sarah Bernhardt. La grande, la superbe, la divine. Sarah Bernhardt et sa voix d'or. Sarah Bernhardt amputée d'une jambe l'hiver précédent, et qui continuait à se produire sur scène. Le public irait-il au spectacle pour la voir, elle, ou pour écouter les complaintes des cathédrales de France ? Sarah Bernhardt... La passion du théâtre. Mais la passion ne garantissait pas la réussite !

Pour ne pas se laisser aller à l'amertume, Gisèle prit le chemin du Val-de-Grâce plus tôt qu'elle ne l'avait prévu. Il faisait beau, et elle se proposait d'emprunter le chemin des écoliers, son carton de gâteaux à la main.

Quand Gisèle entra dans la chambre qu'on lui avait désignée, commune à plusieurs blessés, un face-à-main cerclé d'or se braqua sur elle. C'était celui de la maman d'Alexandre. Oui, les parents du bel officier étaient là, de part et d'autre du lit de leur fils. Gisèle aurait dû s'en douter, et la jeune fille se reprochait de ne pas avoir pensé que la dernière opération d'Alexandre allait tirer ses parents de leur Bordelais !

Le buste du jeune homme émergeait de draps blancs. Un face-à-main sous un chapeau à aigrette, d'un côté. Un monocle sous un crâne chauve, de l'autre. Gisèle avait l'impression d'être dévisagée, et elle se sentit si mal à l'aise, qu'elle faillit fuir sans demander son reste. Heureusement, le sourire que lui adressa Alexandre l'amena à de meilleures dispositions, et elle affronta les présentations sans trop de gêne. Restait à donner la boîte de gâteaux, ce qui fut fait, sans provoquer, heureusement, des remerciements trop ostentatoires. Quand la maman du jeune officier lui dit : « J'ai beaucoup entendu parler de vous, mademoiselle », Gisèle s'empressa de repartir : « Je vous prie de m'excuser, madame, mais je pense que vous faites erreur. Je ne suis pas la marraine de votre fils.

– Je le comprends bien ainsi, mon petit, reprit la dame au face-à-main, lequel pendait maintenant à l'extrémité d'une chaîne d'or, vous êtes Gisèle, cette jeune artiste qui a bien voulu s'occuper de mon fils le jour de la fête de la Gloire, et que je tiens à remercier. »

Puis ce fut le tour du père d'Alexandre d'adresser remerciements, sourires et paroles aimables à « celle qui avait fait preuve de tant de gentillesse ». Il admirait tous les artistes, les comédiens en particulier. Il ne pouvait que s'incliner devant qui choisissait le théâtre pour s'exprimer.

Gisèle parla donc de ses cours au Conservatoire, non pas en tête-à-tête avec Alexandre, comme elle l'avait prévu, mais avec trois personnes qui s'adressaient à elle sans détours. Puis on dériva vers les spectacles de Bordeaux, et, de proche en proche, on aborda le Bordelais, les vignobles et la maison de famille, l'hôpital du Val-de-Grâce où Alexandre devait suivre un long traitement, l'appartement récemment acheté rue Lobau, près de Saint-Gervais, et qui serait habitable pour Noël ! Et Gisèle ne quitta le chevet du grand blessé de guerre qu'à la nuit tombante...

« Tout cela est trop beau, se disait Gisèle au cours du chemin de retour. Tout cela est trop beau ! Les parents d'Alexandre m'ont parlé comme si j'étais de leur milieu, mais, en réalité, ils n'ont que de la pitié pour moi, et ils essaient de la cacher sous beaucoup de gentillesse. Je n'ai rien à faire de leurs invitations. Je n'irai pas les voir quand ils seront installés rue Lobau ! »

En apercevant les contours imposants de l'église Saint-Gervais, Gisèle pensa que les cloches de cet édifice n'avaient été fondues que pour sonner le glas. Un jour, peut-être, leurs carillons joyeux annonceraient-ils le mariage d'Alexandre. Et Gisèle vit se profiler un voile de mariée au-dessus des cheveux noirs et lisses de Geneviève Debienne... Mais, d'ici là, les cloches de Saint-Gervais auraient à se faire entendre pour Noël, un Noël de guerre aussi triste que le précédent...

19

Les cartes postales

Au café-restaurant de Fay-aux-Loges, René Carpentier, le nez en l'air, faisait tourner le support des cartes postales, et admirait les derniers arrivages. Sur chacun des cartons glacés qu'il découvrait, un soldat à l'uniforme bleu horizon aussi propre qu'un costume de premier communiant regardait avec amour une jeune fille vêtue de tissus légers aux couleurs claires. Parfois, la demoiselle apparaissait à sa fenêtre. Parfois, elle était assise à son balcon, à moins qu'elle n'ait commencé l'ascension d'une échelle – on ne savait pas trop pourquoi – et qu'elle ne se tînt au deuxième ou troisième échelon de celle-ci. Dans tous les cas, le soldat, briqué comme un sou neuf, se trouvait en quelque sorte aux pieds de sa belle, ce qui lui permettait de lever un regard bouleversant vers l'élue de son cœur, tout en lui faisant l'offrande d'une rose, d'un brin de muguet, d'une marguerite, ou de toute autre fleur ayant valeur de symbole.

René Carpentier, après avoir longuement admiré la collection de ces tableaux idylliques, en arriva au difficile moment de la décision. Il tira de sa poche un porte-monnaie aux rondeurs usées, et se mit à compter ses pièces. Constatant qu'il pouvait s'offrir trois des cartes qu'il convoitait, il releva le nez et s'enhardit jusqu'à se servir seul. Il sortit de son logement le soldat à la rose qui osait dire à sa belle : « Votre beauté fait pâlir celle des fleurs », le soldat au myosotis qui lançait cette supplique : « Ne m'oubliez pas », et le soldat au trèfle à quatre feuilles qui se croyait autorisé à être optimiste et murmurait : « À notre bonheur ! »

Ayant fait son choix, René s'approcha du comptoir, cartes postales dans une main et pièces dans l'autre. Il tendit le tout vers la dame qui s'était arrêtée d'essuyer ses verres pour venir vers lui, mais cachait mal un sourire condescendant. « Tu es bien précoce », lui dit-elle, tout en glissant les cartes dans une enveloppe, mais René était trop occupé à ramasser sa monnaie pour prêter la moindre attention à une expression qu'il ne comprenait qu'à demi. « Eh oui ! tu es bien jeune pour t'intéresser à ces cartes », reprit une voix qu'il connaissait bien, tandis qu'une main s'abattait sur son épaule. Et le petit René s'aperçut qu'Armand Dupuis, habitué qu'il était à venir boire une limonade au café pour y récolter les dernières nouvelles du pays, l'avait observé à son insu. Avec le sentiment d'être en faute, il bredouilla pour s'excuser : « C'est pour dessiner, monsieur, c'est pour dessiner, parce que je manque de modèles !

– Tu pourrais quand même en prendre d'autres, des modèles, mon petit ami. Les bords du canal d'Orléans, les bateliers et leurs péniches, ou notre pont Napoléon-III, ce ne serait pas plus mal ! »

Le petit René baissa la tête, ne trouvant rien à répondre. Il attendait tout simplement la sanction qui allait être prononcée, et qui, d'ailleurs, ne tarda pas : « Tu vas faire avec ton frère la dictée que je lui ai préparée pour son entraînement au certificat d'études. Elle parle des combats à Verdun, et tu verras si nos poilus ont le loisir de cueillir des trèfles à quatre feuilles. Allez, viens, mon petit ! »

Par la fenêtre ouverte, l'odeur du tilleul de la cour pénétrait dans la salle de classe. Plus d'élèves sur les bancs. Plus d'inscriptions au tableau noir. Plus de bousculades sous le préau. L'école se serait complètement reposée des bruits et des fatigues de la journée, si la classe des grands n'avait retenu en otages les deux jeunes Carpentier.

Index crispé sur le manche d'un porte-plume en bois blanc, coudes et avant-bras sagement posés sur le pupitre, main gauche retenant un buvard qui s'était offert la couleur rose avant d'être taché d'encre, le petit René écrivait. Il essayait de suivre le rythme de son frère, assis juste devant lui, rythme imposé d'ailleurs par celui qui dictait. Il n'arrivait pas à comprendre le sens du texte, tant il s'appliquait à ne pas faire de fautes. Il n'en avait qu'un aperçu :

... citadelle de Verdun... porte Est de la France... fortifiée par Vauban... dans une boucle de la Meuse... forts de Vaux et de Douaumont... tout avait commencé par un petit matin blanc de givre... c'était le 21 février

1916... bombardement allemand d'une rare violence... avions français partis en reconnaissance... tout n'était qu'une zone de feu!

« Joffre avait eu tort de diminuer les effectifs de Verdun au cours des mois précédents! Il n'avait pas voulu entendre qu'on lui criait casse-cou! Quand on est devenu un grand bonhomme, on n'écoute plus rien! » Ça, c'était les commentaires personnels d'Armand Dupuis, se dit soudain le petit René qui s'apprêtait à tout noter. Puis le texte reprit, dicté magistralement :

« *Le lendemain, 22 février, les fantassins allemands virent se dresser, hors des trous d'obus de la veille, des fantômes aux yeux hagards qui ne savaient s'exprimer qu'avec des grenades ou des mitrailleuses. C'était des soldats français! Ils repoussaient en rampant ce qu'il restait de leurs camarades... Quelques arbres réduits à l'état de moignons attendaient les vautours qui seraient bientôt à l'affût de ce grand charnier. Mais, dans ce paysage d'apocalypse, aucun poilu ne pensait à se rendre!* Tu vois, c'est ça, des braves, mon petit, et non des bellâtres aux brins de muguet ou de myosotis! »

« À ne pas écrire », se dit à nouveau le petit

René qui savait très bien à qui s'adressait cette apostrophe. Et il attendit que la voix aux accents théâtraux reprît la lecture du texte.

« *Le général Pétain fut investi du commandement de la région de Verdun, le 26 février. Il exigea que l'on entretînt, de jour comme de nuit, "la voie sacrée" permettant l'acheminement des troupes. C'était la route reliant Bar-le-Duc à Verdun. Il harangua ses soldats avec une phrase simple : "Courage, on les aura !" Mais il agaçait Joffre par ses exigences, et c'est pourquoi on lui adjoignit le général Nivelle, partisan, lui, des petites contre-offensives. Politique de demi-mesures, coûteuse en hommes et en matériel. Le général Pétain, heureusement, arrêta l'hécatombe tout en maintenant la ligne de front. Respectueux du repos des hommes, il institua un régime de permissions régulières.* C'est grâce à lui que votre papa vient de passer quinze jours avec vous, mes enfants, et il en avait bien besoin, car il ne s'était pas reposé depuis son séjour à l'hôpital de Grenoble, suite à sa blessure ! C'est fini pour aujourd'hui, mais toi, Paul, je te conseille de relire plusieurs fois cette dictée, après que nous l'aurons corrigée, car je compte sur toi pour exposer à tes camarades la bataille de Verdun ! »

C'était encore du « hors texte », mais ce n'était pas à négliger... L'élève concerné était prêt, d'ailleurs, à se plier à toute discipline de travail, sachant qu'à titre de fils d'un directeur d'école, il se devait d'être premier du canton de Châteauneuf-sur-Loire, quand il passerait les épreuves du certificat d'études. C'était une question d'honneur, lui avait-on dit. Et l'examen était prévu pour fin juillet, c'est-à-dire dans un mois à peine...

Le lendemain matin, devant la carte aux épingles, Paul Carpentier s'acquitta bien de sa tâche. Il sut même répondre à une question annexe : « Quand et pourquoi notre carte s'est-elle enrichie d'épingles jaunes ?

– Le 23 mai 1915, quand l'Italie déclara la guerre à l'Autriche, répondit celui que son père avait instruit du conflit mondial dans ses moindres détails, au cours de sa permission. Sans compter qu'elle n'était d'ailleurs pas tout à fait prête pour cela !

– D'accord, d'accord, mon grand, reprit Armand Dupuis, mais n'entre pas dans les détails ! Évaluer le préjudice que nous porte l'Italie par son manque de préparation, ou le bénéfice que nous offre la Russie avec sa politique de diversion en vue de soulager nos troupes, c'est affaire de spécialistes. Tout comme la complexité des affrontements sur mer. Les Allemands torpillent. Les Anglais ripostent. Je ne peux vous instruire de tout cela !

– À cause que c'est trop difficile pour nous ! ponctua Raoul Blanchard qui se trouvait à portée du maître.

– Sauve-toi, ou je t'arrache les cheveux ! "À cause que", ça ne se dit pas. » Et Armand Dupuis, sans pouvoir réprimer un éclat de rire, mima le fait d'arracher une poignée de cheveux au coupable. Les enfants, profitant de cette brèche ouverte dans l'autorité du maître, s'y engouffrèrent comme l'eau se précipite dans celle d'une digue, et réagirent bruyamment à cet intermède. Quant à Raoul, bon enfant, il se mit à rire, lui aussi...

Ce fut la dernière fois que l'on plaisanta auprès de la carte aux épingles. Les combats d'été de Verdun firent deux orphelins : Louis Mercier, dont le père mourut lors de l'attaque du 23 juin, et Raymond Berruet, le préposé à la distribution des cahiers, frappé par le sort peu après, le 11 juillet 1916. Quant au père de Raoul Blanchard, dès le premier jour de la reprise des combats sur la Somme, il sauta sur une mine et fut amputé d'un bras. C'était le 1er juillet 1916.

Après ces deuils, Armand Dupuis n'osa plus faire de commentaires aux enfants, à partir d'une carte sur laquelle des drapeaux français miniatures rappelaient le sacrifice de pères, d'oncles ou de grands frères. Le regard de l'homme aux cheveux blancs exprimait involontairement tant de tristesse que Raoul Blanchard s'approcha un jour de son maître pour lui dire : « N'vous inquiétez pas, m'sieur. J'veux plus être marin. J's'rai courageux, et j's'rai boucher pour remplacer papa ! »

Cette année-là, au certificat d'études, ce ne fut pas Paul Carpentier qui fut reçu premier du canton de Châteauneuf-sur-Loire, mais Louis Mercier ; le fils du directeur d'école dut se contenter de la deuxième place. « C'est très bien ainsi », dit Armand Dupuis...

20

Les vendanges

Septembre avait saupoudré d'or et de pourpre le vert trop sage des rameaux de vigne. Dans l'air encore chaud flottaient des odeurs de fruits mûrs. L'automne approchait, l'automne impatient de récolter ce que les pluies de printemps avaient saturé d'eau, et les soleils d'été gorgé de sucre.

Les guêpes bourdonnaient, s'étourdissant de leurs allées et venues. Des pêches de vigne, tombées par centaines d'arbres chétifs plantés dans les sillons, étaient l'objet de leur convoitise. Les insectes à la robe jaune et noir inspectaient les fruits à l'endroit des craquelures d'une peau couleur d'ambre. Puis, pressant leurs supports généreux, elles en aspiraient goulûment la pulpe juteuse. Des milliers de fourmis besogneuses s'alignaient en longues files noires, défiant cailloux et brindilles, pour venir participer au festin.

Dans les sillons de la vigne, les vendangeurs s'activaient, en cette fin d'après-midi. Les vieux, aux doigts noueux mais agiles, au visage buriné qu'une casquette à la visière usée protégeait du soleil. Les femmes jacassaient comme des pies. Leurs âges s'estompaient derrière l'uniformité des foulards de tête et des tabliers de toile bleue, mais ils apparaissaient dans les conversations. Certaines parlaient de rhumatismes et de maux de reins, tandis que d'autres en étaient aux difficultés qu'ont les bébés à percer leurs dents, ou à la remise en état des blouses d'écolier en vue de la rentrée scolaire. Les enfants, eux, jouaient des ciseaux qui leur avaient été confiés, avec une application qui déclinait avec le jour...

Dans une des travées centrales, dominant de sa grande silhouette vignes et gens, Pierre Carpentier, hotte au dos, n'avait pas même un soubresaut quand déferlait, sur ce qu'il portait déjà, le produit d'une nouvelle cueillette. « Mon gars, ton père, il s'rait content d'te voir à la peine ! C'est qu'il est brave et pas fier, ton papa ! Tu sais, moi, j'l'ai connu tout ch'tit ! » C'était l'un des vétérans de la bande, qui s'adressait au porteur de hotte dont il venait de rejoindre le groupe. Pour lui éviter l'effort de lever les bras avec son chargement, Pierre s'était accroupi, et le vieil homme en était tout ému.

« Mais, c'est qu'le gamin, il est pas mal non plus, ajouta un vendangeur qui avait certainement fait la guerre de 70. L'est à côté d'moi, et il arrêtons point d'travailler. » Le « gamin », c'était François. N'étant pas l'aîné de la famille, il n'avait droit qu'à un terme subalterne, assurément. En l'occurrence, François, moins étoffé que son frère mais aussi grand, aurait bien voulu n'avoir que la taille d'un gamin. Les vignes, c'était bien bas, et la position accroupie était fatigante ! « V'là l'métier qui rentre ! » lui disaient plaisamment ses voisins quand ils le voyaient se déplier en poussant quelques soupirs.

Si le métier ne « rentrait » pas vraiment, du moins Pierre et François se familiarisaient-ils avec les activités des vendangeurs, après avoir connu, comme l'année précédente, celles des moissonneurs. Quant à Paul, il aurait bien aimé se joindre à ses frères aînés, mais sa mère lui avait demandé de ne pas abandonner René. Et puis, le jardin exigeait beaucoup de soins, et se chargeait d'occuper deux jardiniers ! Ce n'était quand même pas à elle, épouse d'un directeur d'école, de soulever des arrosoirs ! Paul avait été sensible aux arguments de sa maman, car, tout en lui parlant, elle avait avancé vers lui des mains fragiles comme des porcelaines de Saxe, et l'avait regardé avec des yeux suppliants... Pour approcher le domaine des adultes, il se contentait de boire en cachette le vin doux que ses frères lui apportaient dans une gourde de soldat. Oh ! un fond de gourde, seulement. Si bien qu'il se grisait du produit de la vigne, à défaut de pouvoir se griser de son travail et de son soleil.

Octobre et la rentrée scolaire arrivaient trop vite, au goût de ces nouvelles recrues du monde rural. Paul apprécia cependant d'être intronisé dans le monde des grands, auquel il aspirait tant, par son entrée à l'école primaire supérieure d'Orléans. L'uniforme contribua à lui donner le sérieux que ses traits juvéniles lui refusaient. De l'ensemble vestimentaire bleu marine qui lui revint, ce fut la casquette à visière de cuir verni et à galon doré qui fut l'objet de ses préférences.

Cette rentrée de 1916 marqua également un tournant dans la vie scolaire de René, admis dans la deuxième division de la grande classe. Il allait être enfin l'élève de sa maman ! Après le départ de Paul, il serait seul à proposer ses services, chaque soir, pour porter la pile de cahiers depuis l'école jusqu'à la maison. Enfin, il pourrait être le chevalier servant de celle qu'il adorait !

Émilie Carpentier, quant à elle, abordait sa troisième année scolaire avec l'assurance de ceux qui ont déjà une certaine expérience derrière eux. Le lundi 2 octobre 1916, elle traversa la cour de récréation, comme toujours avec un port de reine, mais toute de gris vêtue. Elle était aux couleurs de cette journée maussade, et plus encore à celle des événements. À Verdun, on ne comptait plus les morts. Sur la Somme, la bataille s'était enlisée dans la boue. Du côté des Balkans, on avait perdu l'occasion qui s'était présentée de rallier nos troupes d'Orient, en aidant la Roumanie dès son entrée en guerre, avant la malencontreuse intervention de la Bulgarie ! On avait beau s'être installés dans la guerre, on n'acceptait pas tout !

Bientôt, le petit René s'aperçut que sa nouvelle position ne comportait pas que des avantages. Le soir, dans le bureau de son père qu'il n'arrivait pas à animer de ses bruits, deux têtes seulement se penchaient sous la lumière de la lampe, celle de sa maman et la sienne. Il se sentait trop seul aux côtés de sa mère. Il était venu au monde pour être « le petit René », entouré de grands frères, et non pour être fils unique. Alors, ses devoirs finis, doucement, se retenant encore plus qu'à son habitude de faire du bruit, afin de ne pas déranger sa maman, il quittait le bureau de son père pour aller se glisser dans la cuisine, à la recherche du tic-tac de la comtoise, des crachotements de la bouillotte, des ronronnements du chat, des bruits rassurants de Maine qui s'activait autour de son fourneau ou de sa table à repasser. La guerre qui lui avait pris son papa ne finirait-elle donc jamais ? L'école primaire supérieure d'Orléans lui garderait-elle donc ses frères ? Les théâtres de Paris ne lui rendraient-ils donc jamais Gisèle ?... Et le petit René, pour tromper son ennui, prenait ses crayons et faisait des confidences à ses feuilles de papier.

La nostalgie des couleurs de l'automne, de la pluie qui tombait sur le tilleul effeuillé de la cour, des brouillards qui nimbaient de blanc les dernières fleurs du jardin, de la nuit qui ne cessait d'avancer l'heure des crépuscules, entretenait le vague à l'âme du benjamin des Carpentier. Il finissait par s'y complaire...

21

Le brin de promenade

Lettre de Pierre à Gisèle :

Orléans, jeudi 30 novembre 1916

Gisèle,

Dans le dernier courrier que tu as adressé à ta maman, tu disais que tu étais satisfaite, tant sur le plan de tes cours au Conservatoire que sur celui de ton travail. Était-ce bien vrai, tout cela ?

Dans le court message que tu m'as envoyé en septembre, juste avant la rentrée, tu me paraissais cependant inquiète de l'avenir, de ton avenir. Tout se serait-il arrangé depuis lors, ou bien nous cacherais-tu – me cacherais-tu – la vérité?

Je sais que les Béraud t'ont bien adoptée. Je sais aussi que tu leur donnes toute satisfaction. Mais, tout cela, je le sais par Georges et non par toi, puisque tu ne m'écris plus. Deux mois que je suis revenu dans cette école, sans qu'une seule fois j'aie eu la surprise, la joie, le bonheur d'une lettre de toi!

Tu ne veux pas écrire. Soit. Tu as peut-être de bonnes raisons pour cela. Le bel officier du Val-de-Grâce n'est sans doute pas étranger à cette nouvelle attitude. La fête de la Gloire n'aura pas été sans retombées... Elle aura permis à Maine de connaître la plus grande fierté de sa vie, et à toi, Gisèle, de connaître l'amour de ta vie. Le pauvre garçon que je suis, qui n'a pas la croix de guerre épinglée sur sa poitrine, doit te paraître bien fade...

Tu me fuis, Gisèle, je le sens, mais laisse-moi t'inviter pour Noël. Papa va avoir une permission à l'occasion des fêtes de fin d'année, et il ne comprendra pas que tu ne sois pas des nôtres. Seras-tu libre? Pourras-tu venir? Tu ne me feras pas croire que les cours au Conservatoire ne s'interrompent pas le 25 décembre, ni que les Béraud ont besoin de toi. Noël, c'est une fête de famille que l'on souhaite chez soi. On ne va pas au restaurant !

Donc, Gisèle, je te dis « à bientôt ». Tant pis si tu ne dois avoir pour moi que des regards de sœur, de camarade ou d'étrangère. Je saurai le comprendre. Je respecterai ta nostalgie de la fête de la Gloire... d'autant plus que je ne pourrai, moi, que t'offrir un Noël de guerre, sans prestige ni gloire !

Gisèle, j'attends une réponse.

Je t'embrasse.

PIERRE.

Lettre de Gisèle à Pierre :

Paris, ce mardi 5 décembre 1916.

Pierre,

Je viens de relire ta dernière lettre. Tu as vraiment l'art de faire les demandes et les réponses. Tu m'interroges sur les possibilités que j'aurais d'aller passer Noël à Fay, mais en même temps tu me démontres que je ne peux pas faire autrement. Alors, ton invitation, est-ce une offre que tu me fais, ou un ordre que tu me donnes ?

Non seulement tu manque de doigté et de

délicatesse, mais tu te paies le luxe d'être jaloux ! Tu oses prendre ombrage d'un homme qui a été amputé d'une main et d'une jambe, mais tu as bien tort. Alexandre est d'une condition très supérieure à la mienne et, au cas où j'aurais quelque inclination pour lui, je saurais m'en souvenir et rester à ma place.

J'ai vu ses parents le 2 novembre de l'an dernier, et, bien qu'ils aient été très aimables avec moi – presque trop, d'ailleurs –, j'ai décidé d'espacer mes visites au Val-de-Grâce et de décliner toute invitation. L'intérêt qu'ils me portent ne peut être que de la pitié déguisée, et je n'ai rien à faire de leur condescendance. Ils sont riches. Moi, je suis pauvre. Qu'ils restent dans leur milieu et moi dans le mien. Il ne faut pas bousculer l'ordre social !

Pierre, crois-moi, la jalousie manque de noblesse, et, de plus, c'est un sentiment qui ne peut pas avoir de place entre nous. Ta seule excuse, c'est de ne pas savoir où nous en sommes, toi par rapport à moi, moi vis-à-vis de toi. Nous avons partagé nos jeux d'enfants, nos repas, nos joies et nos peines. Nous avons presque partagé nos mamans ! Maine t'aime comme elle aimerait un fils, et je te dis au passage qu'elle a une préférence pour toi, en regard de tes frères. Quant à ta maman, elle a pour moi des bontés qu'elle ne pourrait avoir que pour sa propre fille.

Alors, comment pouvons-nous faire le point? Ta jalousie est choquante, car elle atteint un être malencontreusement marqué par le sort. Sinon, elle ne pourrait que m'étonner et tout le monde pourrait douter de son bien-fondé. Pierre, tu es en porte à faux. Ton invitation l'est également, car tu ne sais plus qui tu invites. Ta sœur? Ton amie d'enfance? Une étrangère? Quant à ton insistance, elle est excessive, car elle ne laisse pas de place à mes réactions propres.

Pierre, j'ai le regret de te dire que je ne serai pas des vôtres pour Noël. Je le souhaiterais, mais je ne le peux pas. Je m'excuserai auprès de ton père, à qui je souhaite un bon repos, bien mérité. Contente-toi de cette réponse, et sache que je pense beaucoup à vous tous, avec émotion.

Je t'embrasse.

GISÈLE

Lettre de Pierre à Gisèle :

Orléans, 20 décembre 1916

Gisèle,

Si je pouvais encore douter de tes cachotteries, maintenant, je ne le peux plus. Tu ne viendras pas à Fay pour Noël, et tu ne donnes pas de raison au refus que tu opposes à notre invitation. J'en conclus que tu n'as pas d'empêchement valable, à moins que tu ne veuilles désespérément nous cacher quelque chose, quelque chose de grave.

Sache que tu peux compter sur ma compréhension et sur mon aide, que je sois un frère ou un étranger. Tiens, après tout, gommons le passé, et supposons que nous nous soyons croisés récemment sur le pont Marie. Je me serais retourné sur toi, et j'aurais murmuré : « Mademoiselle, je vous trouve tellement belle que j'ose vous demander de faire un brin de promenade dans la vie avec moi. » C'est drôle, non ?

Allons, Gisèle, ne sois pas triste. Les nouvelles du front sont meilleures. Mangin et ses hommes ont repris Douaumont, Vaux, et les autres forts de Verdun le sont peut-être aussi. Dans la Somme, nous avons reconquis un morceau de terrain, un morceau de désert boueux que nos amis Anglais appellent « porridge ». Ah ! ils ont le sens de l'humour, les Tommies. Plus que ce satané Raspoutine qui n'a que le sens du mal. Ce fakir de bas étage vient de prendre la tête d'un parti germanophile, en Russie ! Puisse-t-il en crever... et que le Ciel m'entende !

Je te quitte, et... bon Noël quand même !

Je t'embrasse.

Ton PIERRE.

22

La Russie des tsars

Le jour de Noël, on ne pouvait pas savoir qui, de toutes les personnes réunies autour de la table du directeur d'école en permission pour trois semaines, était la plus affectée par l'absence de Gisèle. De temps en temps, Maine hochait la tête, en répétant à voix basse : « Pour une fois qu'on aurait pu être tous ensemble ! » Gaston Carpentier s'évertuait à couper court aux conversations qui, d'une façon ou d'une autre, auraient pu conduire à l'absente. Pierre, pour cacher son dépit, s'étourdissait de futilités, ce qui ne trompait d'ailleurs personne ! François et Paul, dès le début du repas, avaient clairement annoncé la couleur : « Les filles, on ne peut jamais compter sur elles ! » René n'avait pu retenir une larme quand la petite bouteille de parfum qu'il destinait à Gisèle s'était malencontreusement échappée de sa poche. Émilie, quant à elle, avait avancé une interprétation à laquelle elle ne croyait visiblement pas : « Bah ! avait-elle dit gentiment, on lui aura tout simplement demandé de passer Noël au Val-de-Grâce, et elle n'aura pas osé refuser. C'est bien son droit ! » On en était alors à la présentation de la dinde, ce qui avait permis à la conversation de dériver vers les qualités culinaires de Maine, et sur les mérites de la fermière de Reuilly qui pouvait se glorifier d'avoir les plus belles volailles du pays !

Quand les festivités de Noël cessèrent – aussi modestes qu'elles eussent été –, Gaston Carpentier ressentit un grand vide, ne sachant pas trop comment s'occuper. La saison ne se prêtait pas aux travaux d'extérieur, et il pensait avoir perdu le goût de la lecture tant il fixait difficilement son attention. Il ne voulait rien entreprendre, se disant qu'il n'était chez lui que de passage !

Armand Dupuis perçut le malaise de son

ami et réagit très vite. Un matin, vers dix heures, il poussa la porte des Carpentier, sacoche de cuir noir sous le bras. Dès qu'il aperçut le maître de maison, il cria sans préambule : « Gaston, j'ai besoin de vous ! Que dis-je, la Russie a besoin de vous ! Son réseau ferroviaire est insuffisant. Il faut lui venir en aide. Je vous apporte des documents sur tout cela. »

N'importe quel observateur de la scène aurait imaginé le directeur d'école appelé à visser des boulons du côté de la Baltique ou de la mer Caspienne ! Non, Armand Dupuis avait d'autres visées.

« Voilà, continua-t-il, je compte sur vous pour faire une conférence à Orléans.

– Une conférence ? Mais sur quoi ?

– Sur la Russie, bien sûr. Il faut mettre en évidence la pénurie de ses chemins de fer.

– Ça n'intéressera personne !

– Quand vous ferez valoir que les troupes du tsar nous aideraient beaucoup mieux si elles étaient plus mobiles, toutes les oreilles seront à l'écoute ! Des régiments entiers attendent des trains pour les conduire au front.

– Difficile de démontrer la nécessité de notre intervention dans l'extension du réseau ferroviaire russe !

– Pas du tout ! Pour implanter des rails, il faut de l'argent. Les caisses de la Russie sont vides. À nous de répondre à l'emprunt lancé par le tsar. Enfin, par Nicolas II ou par la Douma[1], peu importe ! Il faut faire sortir les lingots d'or des bas de laine français. Ils ne se sont pas complètement vidés à la suite de l'appel au peuple de 1915 !

– À cette époque, vous aviez fort bien mené campagne, et votre voix avait été entendue. Remontez donc à la tribune ! Vous serez aussi bien écouté que moi.

– Pas du tout, car, aujourd'hui, il faut exposer la vie des tranchées pour sensibiliser l'opinion publique à une cause en faveur de nos soldats. Vous, Gaston, vous arrivez du front. Vous saurez parler vrai.

– S'il vous plaît, ne comptez pas sur moi pour cela. Je me refuse à exposer ce dont j'ai été témoin, car c'est à en perdre la raison ! J'ai pataugé dans une boue rougie par le sang. J'ai ramassé des bras, des jambes, des morceaux d'hommes. J'ai vu des corps déchiquetés, des yeux vitrifiés par la mort, des casques maculés de cervelle, des mains crispées sur des pho-

1. Assemblée législative, siégeant depuis 1906 aux côtés de Nicolas II, et censée limiter les pouvoirs du tsar.

tographies de femmes ou d'enfants. J'ai vu, j'ai vu... Non, Armand, ce n'est pas possible !

– Je vous comprends et je n'insiste pas. Mais aidez-moi quand même. Acceptez de parler en faveur de l'emprunt pour les chemins de fer russes ! »

On frappa discrètement à la porte du bureau où se tenaient les deux hommes. Gaston Carpentier ouvrit, et ce fut comme un souffle d'air frais quand Émilie apparut. Robe de velours vert foncé, col et poignets de guipure blanche, tout dans sa « tenue de vacances », comme elle se plaisait à dire, mettait son charme en valeur.

« Comme vous avez l'air grave ! dit-elle simplement.

– Nous parlions de la Russie, lui répondit son époux.

– Oh ! la Russie, quel beau pays ! » continua la jeune femme. Et elle s'approcha de la mappemonde qui trônait en permanence sur une table du bureau de son mari, dans l'embrasure d'une fenêtre, entre deux rideaux bruns retenus par des embrasses en bronze, tout comme s'il fallait en revoir les contours pour mieux l'évoquer ! « La Russie... reprit-elle. Je devais y aller avec mon grand-père, car il avait été émerveillé par Saint-Pétersbourg et voulait me faire connaître cette ville, mais son projet n'a pas pu se réaliser. En cherchant bien, je devrais récupérer dans ma petite malle de pensionnaire les cartes et les souvenirs témoins de son voyage.

– Eh bien, retrouvez-nous tout cela ! Nous pourrons ainsi illustrer la conférence que votre époux doit faire sur le pays des tsars, continua Armand Dupuis.

– Une conférence ? interrogea Émilie en se tournant vers son mari.

– Oui, enfin, plutôt une causerie, rectifia l'intéressé.

– Mais où cela se passerait-il ? reprit la jeune femme.

– Oh ! tout simplement à Fay, répondit Armand Dupuis. Nous aurions pu disposer des locaux de la Caisse d'épargne d'Orléans, mais Gaston n'y tient pas. De toute façon, vos souvenirs de Russie seront les bienvenus, et nous comptons sur eux, Émilie ! »

La fin de la matinée se passa en examen de cartes et de documents concernant notre alliée de l'Est au réseau de chemin de fer déficient. Quand la pendule qui trônait sur la cheminée entre deux candélabres en bronze et marbre sonna les douze coups de midi,

Armand Dupuis prit congé de ses hôtes et conclut : « Il nous faudra reparler de tout cela ! »

On put « reparler de tout cela » dès le surlendemain, à l'heure du thé qu'Émilie s'était efforcée de prévoir « à la russe ». Aidée de ses fils, elle avait retrouvé sa malle de jeune pensionnaire au fond de laquelle dormaient des poupées gigognes, des cuillères en bois peint, des petits émaux et des icônes, près des cartes de Moscou, de Saint-Pétersbourg et de Tsarkoïe-Selo[1], envoyées par le colonel Grenier à sa petite-fille, en juin 1891. Les objets folkloriques décoraient la table, tandis que les icônes, disposées sur la cheminée de la salle à manger, semblaient prendre la revanche de tous les signes extérieurs de religion habituellement proscrits dans la maison. Et Maine, s'aidant d'un vieux livre de recettes, s'était appliquée à confectionner un paskha, sorte de gâteau à base de fromage blanc, et un koulitch qui ressemblait à une brioche, ceci pour faire plus vrai.

Pour Gaston Carpentier, c'était l'occasion d'exposer à ses fils les grandes lignes de la société russe. La population se composait

1. Résidence des tsars, près de Saint-Pétersbourg.

essentiellement de pauvres gens, mais le tsar se voilait la face avec l'écran des privilégiés. L'industrialisation naissante faisait apparaître une classe ouvrière qui exigeait d'être reconnue. La Douma était une assemblée qui n'avait pratiquement pas la parole, et Nicolas II se croyait investi d'un pouvoir divin. Si le tsar ne faisait pas quelques pas vers le libéralisme... il allait à sa perte.

Armand Dupuis, quant à lui, fit des rapprochements entre la Russie de 1917 et la France de 1789, Nicolas II et Louis XVI, la dynastie des Romanov et celle des Capétiens, Tsarkoïe-Selo et Versailles. Mais il n'arriva pas à trouver de personnages aussi sordides, dans l'entourage des rois de France, que le triste Raspoutine qui s'était introduit à la cour de Russie. Depuis le départ du tsar pour le front, c'était ce débauché qui gouvernait de fait, tant il avait d'influence sur la tsarine se croyant investie des pleins pouvoirs. Et l'on en revint à la situation critique des troupes à la merci de trains souvent réquisitionnés pour approvisionner les grandes villes...

Amélie Dupuis, Émilie et Maine écoutaient beaucoup plus qu'elles ne parlaient. La maîtresse de maison se réservait cependant d'intéresser ses hôtes en présentant les cartes de son grand-père, ce qu'elle fit après avoir proposé à tous une seconde tasse de thé. Ainsi passèrent de main en main des vues de Moscou : la place Rouge, le musée des Beaux-Arts, les quais de la Moscova. La correspondance, toujours brève, était lue à haute voix par Pierre, à la demande de sa mère.

Quand on aborda la série des cartes relative à Tsarkoïe-Selo et à Saint-Pétersbourg, les textes furent plus longs et plus enthousiastes.

« *Derrière des grilles aux volutes dorées*, écrivait Auguste Grenier, *j'ai aperçu la résidence d'été d'Alexandre III. Le parc, les pièces d'eau, les statues, les colonnades à l'antique, tout est enchantement !* » Puis, photographies à l'appui, le voyageur présentait à sa petite-fille les plus beaux monuments de Saint-Pétersbourg : « *Le bâtiment de l'Amirauté et son élégante flèche d'or... Inspirée de Saint-Pierre de Rome, la majestueuse coupole de Notre-Dame de Kazan... La statue de Pierre le Grand, défiant les eaux de la Neva, du haut de son rocher...* » À la veille de son départ, le colonel Grenier devenait lyrique : « *Ma chère enfant, je veux te faire connaître Saint-Pétersbourg. C'est une ville qui flotte entre ciel et eau, et qui semble éclairée, au soleil couchant, par une lumière phosphorescente. Ses palais à l'antique sont couleur d'ocre, de pourpre et d'émeraude. Ils se reflètent dans la blanche Neva qui est le plus beau fleuve du monde.*

Avec toi, ma petite-fille, je reviendrai ici en hiver. Je veux voir cette Venise du Nord frileusement emmitouflée dans ses brumes et ses vêtements de neige. J'aperçois déjà ses traîneaux qui glissent sur ses avenues gelées, et j'entends le tintement cristallin de leurs grelots...

Très affectueux baisers de ton grand-père qui t'emmènera à la découverte de la Russie des tsars... »

« As-tu fait ce voyage qu'il te promettait? interrogea Paul.

– Hélas non! car il est mort quelques mois après avoir écrit ces lignes. La Russie des tsars, je ne l'ai connue qu'à travers ses souvenirs, mais ils sont encore présents à ma mémoire. »

Ce fut d'une autre Russie que parla Gaston Carpentier dans sa causerie en faveur de l'emprunt au bénéfice du réseau ferroviaire, d'une Russie toujours décidée à nous aider, mais aux prises avec de grosses difficultés financières. Et le conférencier d'un jour se crut autorisé à annoncer la mort de Raspoutine, à la suite d'un complot tramé contre lui. Le charlatan qui prétendait guérir le petit tsarévitch hémophile pour mieux s'imposer à la cour n'était plus. On pouvait espérer que le pays des tsars connaîtrait des jours meilleurs...

23

Le déserteur

Un brouhaha. Armand Dupuis se retourna sans même terminer le mot qu'il écrivait au tableau. Regard circulaire sur la classe qui avait repris un aspect quasi normal. Cependant, quelques torses inclinés, quelques jambes dépassant de l'alignement des pupitres – le tout resté pétrifié à la suite de la volte-face du maître –, laissaient deviner l'épicentre des troubles.

« René, que se passe-t-il ? interrogea Armand Dupuis.

– Rien, monsieur, vraiment rien !

– Inutile de mentir. Je veux savoir ce qui

s'est passé, et je le saurai. Pourquoi ce remue-ménage ?

– C'est à cause d'un dessin, monsieur.

– Et de quel dessin ?

– D'un dessin qu'ils veulent voir, monsieur.

– Il n'y a pas que tes camarades qui s'intéressent à tes œuvres. Moi aussi, figure-toi. Montre-moi ce dessin !

– Mais il n'est pas tout à fait fini, monsieur.

– Maintenant, ça suffit. Apporte-moi tout de suite ce que tu caches dans ton pupitre ! »

Le menton de René tremblait. Ses mains aussi, et ce fut maladroitement qu'il arriva à extraire de ses cahiers entassés une feuille de dessin collée sur un carton. Il se dirigea vers le bureau du maître en essuyant d'un revers de main une larme qui coulait sur sa joue. Pleurer devant ses camarades quand on est un élève de la classe des grands, quelle déchéance !

Dès que le dessin fut à sa portée, Armand Dupuis le saisit. René avait présenté un soldat goguenard, s'éloignant d'un groupe de poilus, avec, pour tout bagage, une pipe à la main. En dessous figurait une légende dont les lignes essayaient de rimer :

« Je suis un pauv' type
Qu'en soldat on nippe
Pour que l'on m'étripe
Au nom du cass' pipe

Ce n'est pas du gâteau
De mourir bien trop tôt
J'vais faire demi-tour
Afin d'sauver mes jours !

Faites pareil, les gars,
Et hourra hip hip hip
Chez nous fumons la pip'
Et hip hip hip hourra ! »

Quand le maître eut fini la lecture du texte, René pleurait vraiment : il allait devoir passer aux aveux et trahir son frère. Ce fut inutile. Armand Dupuis avait tout compris.

« C'est Paul, bien sûr, qui a écrit le texte et t'a chargé de l'illustrer, lança-t-il. Et toi, bougre que tu es, tu as accepté de représenter un traître à la Patrie, puis tu as laissé traîner ton œuvre dans tes affaires de classe. Ah ! ils sont tombés bien bas, les fils Carpentier. Ils oublient que leur père est un héros qui a été blessé en Argonne ! Mais ce n'est pas le moment de régler nos comptes. Nous le ferons ce soir. »

René Carpentier trembla de peur tout au long de cette journée du 25 mai 1917. « Faut pas t'en faire ! » lui avaient dit, dès la récréation du matin, ses camarades responsables de la situation. Et Raoul avait ajouté : « J'irai porter la viande de m'sieur Dupuis à midi, et j'lui expliqu'rai qu'c'est pas d'ta faute ! »

En fin d'après-midi, René aurait voulu que la grosse pendule qu'il avait devant les yeux pût s'arrêter. Il regardait sa mère qui lisait un poème de Charles d'Orléans sur le printemps, tandis que ses camarades suivaient des yeux le texte dans leurs livres. Ce pourrait être maintenant la fin du monde, se disait-il, et il s'imaginait, immobilisé pour l'éternité, dans la félicité de l'admiration qu'il vouait à sa mère.

Hélas ! la grande aiguille de la grosse pendule poursuivait son déplacement inexorable. Encore le répit du temps de l'étude, et après il faudrait affronter celui que les aînés des Carpentier appelaient encore parfois « François-Joseph », bien que le vieil empereur fût mort depuis quelques mois. Alors, devant l'incompréhension des pendules, René s'en venait à souhaiter une solution toute différente. Que les aiguilles tournent vite, afin qu'on arrive le plus rapidement possible au moment crucial de la journée...

Émilie Carpentier cacha mal sa surprise quand Armand Dupuis se fit annoncer par Maine, un peu avant l'heure du dîner. Elle corrigeait alors les dictées de l'après-midi, dans la quiétude de la bibliothèque que René ne risquait pas de troubler, car il ne soufflait mot. Lui, en revanche, s'attendait tellement à cette visite, qu'il fila, devoirs du soir terminés et matériel scolaire préalablement rangé dans son cartable, sans que sa maman ait eu besoin de lui demander de la laisser seule avec son maître.

Les minutes passées à la cuisine lui parurent des heures malgré les bonnes paroles de Maine qui le voyait chagrin mais ignorait tout de ce qui se passait. Pourtant, lorsqu'il dut rejoindre la bibliothèque pour le tête-à-tête tant redouté, il tremblait mais ne pleurait pas. La phrase d'introduction de son tuteur fut rassurante. « Je ne suis pas venu ici pour te gronder, mon petit, mais pour te faire comprendre qu'il est des sujets sur lesquels on ne plaisante pas.

Voilà, je t'explique, continua Armand Dupuis en invitant René à s'asseoir à côté de lui. La situation est grave, très grave, même. Les ennemis de la France sont puissants, et, malgré les efforts désespérés de nos vaillants soldats, nous avons subi de grosses défaites ces temps derniers. Nos pertes se chiffrent par milliers : morts, blessés, prisonniers. Les conditions de vie des poilus sont atroces, alors, certains d'entre eux ont décidé d'abandonner la lutte. On les appelle des déserteurs. Moi, je les appelle des traîtres à la Patrie. Et c'est l'un d'eux que tu as dessiné ! »

Après un temps de pause, le monologue reprit, tandis que le jeune René ouvrait de grands yeux, étonné qu'il était de l'importance qu'on accordait à son pauvre dessin. « Suppose que le texte de Paul et ton illustration arrivent jusqu'aux armées, disait le maître. Bien caché dans un colis, ce n'est pas impossible, malgré la censure. Il circule. Il fait rire, mais il donne des idées... Et ce sont des soldats qui quittent nos rangs. Comprends-tu, maintenant ?

– Oui, oui, monsieur, répondit René qui doutait cependant de l'influence possible de son dessin.

– Vois-tu, René, ce n'est pas de lâches que

nous avons besoin, mais de braves, de héros, même, parfois. Ce mouvement de désertion et récent. Il est apparu au début de cette année et a grandi à la suite de l'échec du Chemin des Dames. Je t'explique : le général Nivelle, qui s'était distingué à Verdun, a pris la succession de Joffre. Il a voulu tenter une action magistrale, une offensive napoléonienne si tu veux, le 15 avril dernier, sur l'Aisne, à peu près entre Soissons et Reims. Rien de magistral, à vrai dire, sinon l'échec ! Nivelle n'a pas épargné le matériel, mais encore moins les hommes. Pauvres types sacrifiés au Chemin des Dames ! Des martyrs... mais le sens de l'Humain veut que l'on épargne la vie des hommes ! Nivelle a été relevé de ses fonctions et le général Pétain vient de le remplacer comme commandant en chef des armées du Nord et du Nord-Est. Lui, il respecte les troupes !

« Alors, espérons. En tout cas, il n'y a pas de place pour les traîtres dans l'armée française, et toi, tu n'as pas à les dessiner, même si Paul te le demande ! D'ailleurs, je vais lui dire deux mots, à ton frère, quand il reviendra ici ! À son âge, il devrait tout de même avoir le sens de ses responsabilités ! »

Le silence se fit. Un silence sur lequel planait l'ombre des soldats tombés au Chemin des Dames, mais aussi à Verdun, en Argonne, sur la Somme et sur la Marne. Un silence qui était recueillement. Puis, brusquement, comme s'il tenait à détendre l'atmosphère après ces moments d'émotion intense, Armand Dupuis reprit : « Sais-tu, René, que dans l'aviation, il y a de très jeunes pilotes qui se distinguent à la guerre ? »

Et sans attendre la réponse du garçon, il continua :

« Quand Georges Guynemer a été présenté à Clemenceau lors d'une tournée au front, ce grand bonhomme a murmuré à son entourage qu'il n'y a que les gosses pour bien faire la guerre ! Alors, intéresse-toi à des Français de cette trempe, et non à des lâches. Dessine les héros du ciel et dessine leurs avions, toi qui as besoin de manier des crayons. Représente le Nieuport, cet élégant avion aux ailes rouges, toujours victorieux quand il est piloté par Guynemer. Ou bien notre Bréguet, capable de voler pendant cinq heures avec deux cent cinquante kilos de bombes. Dessine même, si tu veux, l'Albatros, cet avion allemand que le jeune Nungesser a obligé à atterrir et qui a

été exposé à Nancy sur la place Stanislas. Je te prêterai des revues sur tout cela. Pour le moment, je te laisse dîner. »

Et l'au revoir du maître à son élève fut accompagné d'une tape affectueuse sur l'épaule.

Avant que la lourde porte donnant sur la rue ne se refermât, Armand Dupuis se retourna vers René et lui dit : « Demain, je t'apporterai des documents, et... je compte sur toi ! »

24

L'espionne

À la fin du mois de juillet 1917, Pierre Carpentier vit partir pour le front plusieurs de ses camarades de promotion. Ils appartenaient à la classe 1918, appelée dès avril, avec un an d'avance sur la date légale, en raison de la gravité des événements. Un sursis ayant été accordé aux élèves sur le point de se présenter aux examens universitaires, les normaliens concernés n'avaient rejoint leurs régiments qu'après s'être acquittés des épreuves correspondant à la deuxième partie du brevet supérieur. Indulgence du jury, ou compétence des candidats... tout le monde avait été reçu !

Pour ranger les placards du laboratoire, nettoyer le matériel, restaurer les livres et mettre de l'ordre dans la bibliothèque, ils n'étaient plus que cinq. Cinq élèves qui, comme Pierre Carpentier, étaient encore trop jeunes pour être appelés sous les drapeaux.

La mobilisation des garçons qui n'avaient pas vingt ans traduisait un état de crise qui n'échappait à personne. Les tentatives de percée sur le front Est avaient été abandonnées, et l'on en revenait à la politique des petits assauts, sans trêve ni relâche. Les hommes manquaient. La guerre en faisait une telle consommation ! Et des potaches devenaient soldats, et, psychose de guerre, partaient au combat en chantant... laissant derrière eux des camarades honteux de ne pas « y aller », eux aussi.

Pierre Carpentier arriva chez lui le 31 juillet 1917, pour le temps des grandes vacances, avec un vague sentiment de culpabilité. « Quand on a la chance d'être bâti comme un athlète et de jouir d'une bonne santé, se disait-il, on va défendre son pays. Les moissons et les vendanges, ça manque de noblesse. » Ce fut avec cette arrière-pensée qu'il consentit cependant à participer aux travaux des champs, comme les années précédentes. Il maniait la fourche en regrettant de ne pas avoir un fusil en main. Les formes massives de la batteuse lui évoquaient celles des derniers monstres sortis des usines de guerre : les chars d'assaut français, et les tanks britanniques. Et lorsque le nuage de poussière, dans lequel s'activaient les uns et les autres, asséchait les gosiers au point d'interdire la moindre parole, Pierre se disait que les pluies diluviennes qui enlisaient les troupes anglaises dans la région d'Ypres auraient bien dû abandonner les Flandres pour l'Orléanais !

François n'avait pas les mêmes aspirations que son frère. Il en était, lui, au stade du perfectionnement dans les activités rurales, acquérant chaque jour un peu plus de dextérité dans l'art de moissonner. Et Paul, quand il émergeait de ses rêves et se concentrait sur son travail, entendait les vétérans le complimenter tout aussi bien que ses aînés.

Paul n'apportait aux moissonneurs qu'une contribution passagère, car il continuait à s'occuper du jardin de son père, aidé en cela par le jeune René. L'arrosage des salades, constatait-il, était plus propice aux échappées intellectuelles que la récolte du blé ! Quand elles ne s'imposaient pas à lui, il était toujours à la recherche de phrases qui avaient le bon goût de rimer entre elles. Il écrivait sur les sujets les plus divers, mais depuis son dernier tête-à-tête avec Armand Dupuis, il avait renoncé à s'intéresser aux déserteurs...

Le 15 Août accorda une trêve à tous les travailleurs. On respectait les fêtes carillonnées. Après le déjeuner familial, Pierre trouva la solitude qu'il recherchait en allant se promener sur les bords du canal. Tout en suivant le chemin de halage, il donnait libre cours à ses pensées profondes. Que devenaient ses camarades de classe partis en juillet ? Et son père ? Combien de temps cette guerre durerait-elle encore ? Bien sûr, un atout important pouvait hâter les choses : en juin, les États-Unis étaient entrés dans le conflit. Mais, aussi bien préparés qu'ils fussent, les Américains avaient besoin de plusieurs mois pour se regrouper et devenir des Alliés efficaces. Alors, les troupes françaises tiendraient-elles en attendant leur aide ? À quoi servait-il, lui, Pierre Carpentier, en ces jours sombres, oscillant entre une École normale et une ferme aux prises avec la moisson ? Oui, à quoi servait-il ? Arrivant au lieu-dit « le Moulin d'Avaux », il ne put échapper à l'évocation de Gisèle. Trois ans déjà que François l'avait surpris, tentant de lui voler un baiser!...

Que devenait-elle, réellement, Gisèle? Elle s'était remise à écrire, mais uniquement des lettres sans âme qui essayaient de le tromper. Ce n'était qu'une suite de réponses obstinées aux questions qu'il lui posait. Oui, elle aimait toujours le théâtre. Non, elle n'était pas malade. Oui, elle travaillait toujours chez les Béraud. Oui, elle allait de temps en temps jusqu'au pont Marie pour voir Jojo et le Pèlerin, lequel ne rajeunissait pas! Non, elle n'allait plus au Val-de-Grâce. Non, il ne fallait pas venir la voir, car elle avait trouvé un complément de travail dans un établissement autre que celui des Béraud et avait des horaires irréguliers...

Cela ne pouvait pas continuer. Maine, d'ailleurs, n'acceptait plus les absences de sa fille les jours de fête, et la pauvre femme commençait à se demander si les lettres rassurantes ne cachaient pas de mystères. Elle en était à vouloir la surprendre à Paris.

La surprendre à Paris... Il ne fallait quand même pas laisser faire cela. Que Gisèle fût dans une impasse, et c'était la mère et la fille qui allaient souffrir d'une mise à jour brutale de la situation.

Pierre revint chez lui en se promettant d'avertir Gisèle au plus vite.

Lettre de Pierre à Gisèle :

Fay-aux-Loges, mercredi 15 août 1917.

Gisèle,

Encore un jour de fête sans toi. Maine supporte de plus en plus mal tes absences inexpliquées. Elle se refuse à croire que tu travailles un jour de 15 Août.

Elle projette d'aller à Paris te surprendre, et s'est déjà procuré les horaires des trains. Elle a demandé à maman la permission de prendre quelques jours de repos. Ils lui sont acquis d'avance. Vingt ans de bons et loyaux services valent bien ça !

J'ai vainement essayé de dissuader Maine. Tu connais son obstination. Alors, j'ai pensé qu'il valait mieux ménager les effets de surprise, et pour elle, et pour toi ! Si le nouveau travail que tu as trouvé avait quelque chose de... enfin, de choquant, dirons-nous... ta maman ne s'en remettrait pas, et toi, tu serais désespérée !

Sache que tu peux toujours compter sur moi.

Je t'embrasse.

PIERRE.

Lettre de Gisèle à Pierre :

Paris, le 17 août 1917.

Pierre,

Ton dernier courrier me plonge dans le désarroi. Ne laisse surtout pas maman venir jusqu'à moi. Avance un argument qui soit susceptible de la faire renoncer à ce voyage.

Tu sais, Pierre, les temps sont durs. Je n'avais plus suffisamment pour vivre quand mes économies ont été épuisées, et je ne voulais à aucun prix me tourner vers Maine ou vers Armand Dupuis pour chercher de l'aide. Alors, j'ai accepté ce qui se présentait à moi. Ce n'est pas vraiment un restaurant, mais plutôt un cabaret, là où je travaille. Je ne suis pas vraiment serveuse, non plus. Je participe à un petit spectacle qui s'y donne, cela tous les jours, fêtes et dimanches compris.

Pierre, par pitié, que la venue de maman

me soit épargnée ! Raconte-lui n'importe quoi. Tiens, dis-lui que je suis une espionne, oui, une espionne, et que je risque le pire si sa venue signale malencontreusement ma présence. Dis-lui que je voyage beaucoup, que parfois je me cache... Enfin, je compte sur toi ! Rappelle-lui qu'une espionne est toujours fusillée quand elle tombe entre les mains de l'ennemi. Ça lui fera passer l'envie de venir ! Pierre, je t'en supplie, fais cela pour moi ! Je t'en remercie par avance.

Je te souhaite de bonnes vacances.

Je t'embrasse.

Ta GISÈLE.

Lettre de Pierre à Gisèle :

Fay, ce 20 août 1917.

Ma Gisèle,

Ta commission est faite. Maine ne risque pas d'aller te surprendre. Elle tremble assez pour toi, sans t'occasionner de risques supplémentaires ! Enfin, je lui ai dit que tu travaillais pour une bonne cause, car il me fallait bien mettre du baume sur sa plaie...

Mais, moi, Gisèle, je suis effondré. Dois-je

comprendre que tu es devenue danseuse de cabaret ? Danseuse nue, peut-être ? Mieux valait demander de l'aide à Maine, à M. Dupuis, ou même à mon père, qui a un peu d'argent de côté, que de tomber aussi bas !

Je ne te blâme pas, Gisèle, je pleure sur ton malheur, et je suis prêt à tout pour t'aider. Dès que je pourrai me libérer, j'irai jusqu'à toi !

Je te reste très dévoué.

Je t'embrasse.

Ton PIERRE.

P.-S. : Que devient ton bel Alexandre dans tout cela ?

25

L'engagement

La permission de Gaston Carpentier, prévue trois semaines plus tôt au moins d'octobre 1917, avait été reculée par suite des événements. On avait maintenu en état d'alerte les forces françaises, susceptibles d'aller soutenir les Anglais dans la boue des Flandres, ou les Italiens sur les pics de leur frontière autrichienne. Ce retard permettait un regroupement familial, à la faveur des quatre jours de congé scolaire accordés pour la Toussaint. Et Gisèle avait réservé à tous la surprise de sa présence le 1er et le 2 novembre.

En ce samedi, lendemain du jour des morts,

qu'avaient marqué des cérémonies à la mémoire des hommes tombés au champ d'honneur, on se donnait le droit d'oublier un peu. Faisant passer au second plan les difficultés des Tommies engagés dans « la bataille de la boue », et les souffrances des Italiens qui venaient de subir la cuisante défaite de Caporetto, on s'accordait le droit de vivre. On goûtait le bonheur d'une intimité retrouvée, devant le feu de bois de la cheminée du bureau, dont les bûches crépitaient de toute la vigueur de leur écorce bien sèche. Maine s'esquivait de temps en temps pour aller jeter un coup d'œil sur le bœuf-mode qui mijotait à l'angle de la cuisinière. Le maître de maison avait fort insisté pour qu'elle profitât du beau feu de bois allumé par ses soins. Car, Maine au bureau, c'était inhabituel !

Jamais Gaston Carpentier n'avait eu autant de sollicitude pour sa fidèle employée. C'est qu'il avait appris son malaise récent : Maine s'était évanouie dans la cuisine. On l'avait retrouvée en position assise, buste et tête échoués parmi des épluchures de légumes recueillies sur une feuille de journal. En haut de cette feuille datée du 16 octobre 1917, un titre énorme : CE MATIN, À L'AUBE, L'ESPIONNE MATA HARI A ÉTÉ FUSILLÉE.

On avait appelé le médecin du village. On avait soigné Maine. On l'avait obligée à garder la chambre pendant quelques jours, et l'on s'interrogeait encore sur la cause de ce malaise. On n'avait pas vu de relation possible entre l'exécution de Mata Hari et l'évanouissement de Maine ! Seul, Pierre avait tout compris, mais il ne s'était confié qu'à Gisèle.

De bonnes odeurs de soupe aux légumes se glissèrent par l'entrebâillement de la porte du bureau, quand Maine vint prononcer le traditionnel et trop respectueux : « Madame est servie. » Mais elle aimait cette phrase qui lui rappelait ses débuts d'employée de maison... et ses quatorze ans ! On s'installa autour de la table tout en complimentant la cuisinière d'offrir à ses hôtes, en ces quelques jours de vacances, les meilleurs plats du bon vieux temps, allant de la tourte à la charlotte, en passant par le soufflé au fromage et le civet de lapin. « Dame, quand on reste pas les deux pieds dans l'même sabot, on peut toujours se débrouiller, à la campagne ! C'est pas comme ces pauv'gens des villes qui manquent de tout, et qu'ont même pas d'bois pour remplacer l'charbon ! »

On avait fait remarquer à Maine que, charbon mis à part, les denrées essentielles ne manquaient pas vraiment en France, mais plutôt en Angleterre. Alors, la chère femme s'était apitoyée sur « ces pauv's Anglais qu'avaient même plus d'quoi sucrer leur thé et qui n'mangeaient plus ni d'pain ni d'viande. Pauv'gens que l'Guillaume II il affamait d'autant plus facilement qu'ils avaient pas assez d'champs chez eux pour se nourrir ! ». Expliquer à Maine que le blocus décrété par les Anglais avait déclenché un contre-blocus de la part des Allemands, et cela d'autant plus que leurs sous-marins avaient subi de fortes pertes de la part des Britanniques... eût été peine perdue. Guillaume II était le grand méchant loup, et l'on n'essaie pas de justifier les actes d'un grand méchant loup !

Malencontreusement, Émilie, pourtant si soigneuse, fit une tache de sauce sur l'un des poignets de son corsage.

« Oh ! comme c'est dommage ! s'exclama Gaston Carpentier qui s'empressait de mouiller l'un des coins de sa serviette pour venir au secours du poignet taché. Comme c'est dommage, répéta-t-il. Il est si beau, ce corsage !

– Vraiment, il te plaît ? demanda Émilie, avec un étonnement légèrement feint.

– Beaucoup, ce velours vert pâle est ravissant, et ta couturière est toujours aussi adroite.

– C'est vrai, je n'ai pas à m'en plaindre, mais je ne puis en dire autant de ma modiste. Toujours en retard pour ses livraisons. Quand je pense que nous sommes à la Toussaint et qu'elle ne m'a pas encore terminé mon chapeau d'hiver, je la trouve en dessous de tout !

– Maman, remets ta jolie toque en fourrure de l'an dernier, trancha Pierre, légèrement agacé par la conversation.

– Tu n'y penses pas, mon grand. J'ai un rang à tenir !

– Mais enfin, maman, ce ne sont que des histoires de chapeaux ! On ne juge pas les gens sur leur couvre-chef !

– Pierre, je t'interdis de faire de telles remarques à ta mère ! coupa Gaston Carpentier.

– J'ai passé l'âge des interdictions de ce genre !

– Mais tu n'as pas dépassé celui des réflexions absurdes ! En ces temps sordides, on a perdu la notion du beau, et tu devrais remercier ta maman de protéger un certain art de vivre. Heureusement que des êtres d'exception comme elle se font dépositaires des vraies valeurs, sinon, l'espèce humaine ne serait plus qu'un troupeau de rats !

– Tu exagères. Nous n'en sommes pas là !

– Tu renies donc les tranchées ?

– Non, mais je n'ai pas une perspective aussi noire de la guerre !

– Pauvre crétin, tu parles de ce que tu ne connais pas ! »

Pierre se leva en bousculant sa chaise, et cria à l'adresse de son père :

« Je n'accepte pas les insultes ! Et puis, la guerre, je la connaîtrai bientôt, car ma décision est prise : je m'engage ! »

Le rictus qui zébra le visage de Gaston Carpentier traduisit l'émotion qui l'étreignait et le regret qu'il éprouvait d'avoir heurté son fils. Mais il était trop tard pour faire marche arrière.

« Tu oublies qu'il te faut mon autorisation pour t'engager, se contenta-t-il de dire.

– Je demanderai une dispense.

– Elle te sera refusée.

– Soit. J'attendrai d'avoir dix-huit ans. Deux mois, c'est vite passé !

– Pierre, je t'en supplie, ne fais pas cela, hasarda Émilie.

– Maman, essaie de me comprendre !

– Et tout cela à cause de moi !

– Mais non, maman, rassure-toi. De toute façon, je voulais devancer l'appel. Alors, un peu plus tôt ou un peu plus tard, ça ne change rien !

– Pierre, ne fais pas cela, répéta Émilie. Prépare l'école de Saint-Cyr, si tu veux, mais ne te lance pas ainsi dans la mêlée !

– Mon père y est bien, lui, dans la mêlée, sans avoir fait Saint-Cyr ! Alors, pourquoi pas moi ? »

L'ambiguïté de la phrase n'échappa pas à Gaston Carpentier, dont le regard pour son fils aîné exprimait cependant plus de douleur que de sévérité. Pierre, debout, les mains sur le dossier de sa chaise, toisait son père tel un vainqueur qui n'a plus pour son adversaire que des expressions de condescendance.

Un lourd silence suivit le départ de Pierre. Maine n'osait pas présenter la tarte aux pommes qu'elle venait de découper, juste avant l'altercation. René pleurait doucement, essuyant ses larmes avec un mouchoir trop grand pour son visage d'enfant. Paul fixait désespérément son assiette, ne s'autorisant pas à lever les yeux. François, lui, regardait sa mère. Il se sentait bouleversé par le désarroi des yeux verts qui allaient de l'un à l'autre, semblant demander de l'aide.

« La guerre finira peut-être avant que Pierre n'ait dix-huit ans », dit-il après un temps de recueillement, d'une voix qui, tout à coup, avait perdu ses intonations d'adolescent pour celles d'un homme.

« Oui, oui, renchérit Maine que le silence étouffait. Oui, oui, on dit qu'il n'y en a plus pour longtemps parce que les Américains sont prêts pour nous aider. Près de deux cent mille, qu'ils sont, les soldats américains, et bien armés ! Alors, le Guillaume II, il va bien falloir qu'il capitule. Faut rester dans l'espérance, madame Émilie. On dit que la guerre sera finie pour Noël ! »

Mais Noël 1917 fut encore un Noël de guerre, un Noël de désespérance... et Pierre Carpentier signa, le 10 janvier 1918, l'engagement de servir dans l'armée française, pour la durée des opérations.

26
Le camp d'Avord

Lettre de Pierre à Gisèle.

Camp d'Avord, près de Bourges,
12 janvier 1918.

Gisèle,

Ça y est ! Je suis dans la guerre ! Parce que maman a critiqué sa modiste, parce que mon père m'a insulté, parce qu'une certaine Gisèle ne m'accorde plus sa confiance, parce que j'ai le sens du devoir civique, parce que je veux savoir ce qu'il en est de se battre, je suis dans la guerre !

J'ai quitté Fay hier, au petit matin. Fay qui

grelottait sous le givre et la neige. Moi aussi, je grelottais, malgré mon pardessus de normalien et la belle écharpe que m'a tricotée Maine. Je grelottais de froid, de peur aussi. Peur de l'inconnu...

J'ai passé la nuit dernière dans la gare de Bourges, auprès d'un poêle qui fumait plus qu'il ne chauffait. Quelques kilomètres de train, à l'aube, puis une bonne marche à pied, guidée par des panneaux de bois, et j'ai découvert le camp d'Avord et ses baraques en planches.

Vers dix heures, j'ai été appelé au magasin de l'intendance. Le garde-mites s'est chargé de m'habiller, en fouillant dans un tas de fringues usagées. Il m'a doté d'une veste trop grande et d'un pantalon trop court, mais il avait l'air très satisfait de lui ! Quant au manteau, bleu horizon comme le reste, mais plus délavé, il vient tout droit d'un champ de bataille, et porte encore les marques des éclats d'obus qui ont atteint son ancien propriétaire. Les brodequins ? Pas de problème ! Il se trouvait que deux malheureux d'entre eux avaient envie de reprendre du service. Ils étaient de ma pointure... et de la même pointure ! Un vrai miracle, paraît-il ! Moins de chance pour mon couvre-

chef. Il s'est avéré que mon 59 de tour de tête était tout à fait exceptionnel. « Forte tête, forte tête ! » n'arrêtait pas de grommeler le garde-mites, et il a fallu faire appel à la réserve des cuirassiers de Rambouillet pour me trouver un képi.

Si mon objectif était de séduire les filles, il faudrait qu'elles aient une vue bien médiocre pour qu'il me soit permis d'espérer quelques succès. Mais les filles, ici, c'est un article qui n'existe pas !

Par contre, il y a des chevaux, ce qui ne doit pas te surprendre si je te dis que j'ai été jugé apte à servir dans la cavalerie. J'ai appris à panser le mien cet après-midi, c'est-à-dire à le brosser et à l'étriller, et à emmener trois bêtes à l'abreuvoir, trois d'un coup ! Les chevaux, on ne sait pas ce que ça a dans la tête, mais c'est quand même moins énigmatique que les filles !

Voilà. Si j'ajoute que j'ai fait mon paquetage, ce qui consiste à regrouper tous ses vêtements civils dans un colis, et que je l'ai remis au bureau chargé de sa réexpédition, tu sauras tout de moi.

Moi, par contre, je ne sais rien de toi.

Je te quitte. N'oublie pas ce que je t'ai dit

le 2 novembre dernier. Tu as signé un contrat, certes, avec ton nouvel employeur, mais il n'y a pas de contrat qui ne puisse se résilier, sauf ceux qui vous engagent vis-à-vis de la Patrie.

Sois prudente. Sois heureuse... quand même !

Je t'embrasse.

PIERRE, *ton soldat dévoué.*

Lettre de Pierre à Émilie Carpentier.

Camp d'Avord, près de Bourges,
12 janvier 1918.

Maman,

Ne reste surtout pas avec l'idée que tu as une certaine responsabilité dans mon engagement. Depuis le départ de mes camarades en juillet 17, je ne pensais qu'à les rejoindre. Vois-tu, ma chère maman, le métier des armes que tu souhaitais pour moi, je ne l'exercerai pas au sortir de Saint-Cyr, mais à la sortie de l'École normale d'Orléans, non pas comme officier, mais tout simplement comme deuxième classe ! Pauvre maman ! Reporte tes espoirs sur mes frères. Tu as quatre fils, alors, rien n'est perdu !

Tu serais certainement navrée si tu me

voyais dans mon accoutrement. Ah! rien de commun avec les brillants uniformes de ton père et de ton grand-père, dont j'ai le souvenir grâce aux portraits que tu m'as montrés d'eux, quand j'étais enfant. Il est vrai qu'eux, c'était des gradés! Enfin, je monterai peut-être doucement les échelons de l'armée, puisque je suis inscrit au concours des élèves aspirants.

Dans le colis que tu recevras, contenant mes vêtements civils, si tu cherches bien, très bien, avec application et amour, tu trouveras, en plus de mes pauvres fringues de normalien, l'émotion que j'ai déposée auprès d'elles, avant de fermer mon paquetage...

Maman, prends bien soin de toi. Il fait froid et tu es fragile des bronches. Alors, couvre-toi bien. N'oublie pas non plus de sucer des pastilles pour la gorge, car tu as tendance à l'enrouement depuis que tu enseignes. Veille aussi à ce que Maine prenne suffisamment de repos. Elle ne veut pas ralentir son rythme, et pourtant, son malaise d'octobre dernier est à considérer.

Dis à mon petit René que je pense bien à lui. Ah! s'il était ici, il dessinerait tout : baraques, soldats, chevaux et munitions! Il est vraiment bien, mon petit frère, et ce sera un jour un grand artiste. Les autres ne sont pas mal non plus. Je les salue au passage, et j'adresse beaucoup de baisers à Maine et à mon petit René.

Au revoir, chère, très chère maman.

Je t'embrasse.

Ton fils PIERRE.

P.-S. : À l'intention de papa, je serais tenté de dresser une liste des armes dont je dispose, mais je ne le peux. Dis-lui quand même que je l'embrasse.

27

« Les Ailes d'or »

Émilie hésitait à ouvrir l'enveloppe portant le cachet de l'inspection académique du Loiret, que venait de lui remettre le facteur. « Elle m'est adressée, se disait-elle, mais elle contient sans doute un courrier pour Armand Dupuis qui est le secrétaire de l'école. » Enfin, après quelques secondes d'indécision, elle libéra à l'aide d'un coupe-papier la lettre qu'elle contenait, et la parcourut rapidement.

En quelques lignes, l'inspecteur d'Académie félicitait René Carpentier de sa participation au concours proposé à tous les écoliers, en octobre 1917, après la mort du jeune aviateur

Georges Guynemer. On leur avait demandé d'illustrer la phrase : « Il a disparu en plein ciel de gloire. » René Carpentier sortait premier du classement général, et son dessin se verrait traduit en affiche destinée à figurer dans toutes les écoles de France.

Émilie sentit monter en elle une certaine fierté, mais elle ne s'accorda pas le droit d'aller féliciter son fils pendant la classe du matin. C'eût été déranger Armand Dupuis et valoriser maladroitement René devant ses camarades. Elle attendit donc que la cloche du midi fût sonnée, pour aller dire la bonne nouvelle au maître et à son élève. Le premier déborda d'enthousiasme sur le thème : « Je te l'avais bien dit qu'il fallait dessiner des avions ! » Le second se contenta d'un sourire timide. Et quand, au sortir de sa cuisine, Maine apprit le succès du jeune lauréat, elle l'embrassa en essuyant une larme de joie.

Très vite, la nouvelle du succès de René Carpentier fit le tour du pays. Émilie Dupuis et Maine contribuèrent largement à sa propagation verbale... Sa diffusion se fit aussi par lettres, jusqu'au front de Champagne, jusqu'au camp d'Avord, jusqu'à Paris, et jusqu'à Orléans. En retour vinrent les compliments de Gaston

Carpentier, de Pierre, de Gisèle, de Paul et de François. « Bravo, le petit frère, concluait ce dernier, il dessinera les fuselages des avions de l'avenir ! » Mais « le petit frère » se tournait vers le passé et mettait ses compétences au service des œuvres de Rodin, que reproduisaient beaucoup de journaux pour rendre hommage au grand statuaire mort en novembre 1917.

Devant cet enfant trop sage, Émilie s'inquiétait un peu. Au début de mars, elle lui demanda s'il aurait plaisir à passer quelques jours à Paris. « Bien sûr, répondit René, mais avec toi !

– Non, c'est François qui t'accompagnerait, reprit Émilie. Je t'explique les raisons de ce voyage : il se prépare actuellement à Paris une exposition intitulée “Les Ailes d'or”, au profit des familles d'aviateurs touchées par la guerre. Laure Debienne, la logeuse de Gisèle, fait partie des organisateurs, et elle aimerait que tu présentes ton affiche qui apparaîtra en public pour la première fois. Elle désirerait que tu sois présent pour l'inauguration de l'exposition, le samedi 23 mars, aux côtés d'Hansi, l'auteur du livre illustré par lui-même. *L'Alsace racontée aux petits enfants*. Laure Debienne se propose de vous héberger, François et toi. Vous pourriez rester quelques jours de plus pour visiter un peu Paris. »

Le samedi 23 mars, veille des vacances de Pâques, dégagés pour la journée de leurs obligations scolaires, François et René Carpentier partirent pour Paris au petit matin. C'était la première fois que René prenait le train.

Gisèle attendait les voyageurs à la gare d'Austerlitz. Le métro, dans lequel le trio s'engouffra pour gagner la station « Palais-Royal », fut encore une nouveauté pour le benjamin des Carpentier.

Après la présentation de François et de René à Laure Debienne, Gisèle s'éclipsa, laissant les garçons dans le salon qui l'avait tant impressionnée lors de son arrivée à Paris. Velours cramoisis, dorures, cristaux et glaces préfiguraient ce que le jeune René devrait affronter dans les heures à venir. Toute la gentillesse déployée par la maîtresse de maison s'avérait nécessaire pour que le lauréat ne fût pas pris d'une irrésistible envie de fuir.

Ce premier contact avec les salons parisiens permit au jeune dessinateur provincial d'aborder les mondanités sans frayeurs. Le jour inaugural de l'exposition « Les Ailes d'or », il supporta sans sourciller l'épreuve des honneurs, épaulé par François. Il distribua même des autographes avec une aisance surprenante.

Le mercredi 27 mars avait été prévu comme jour de détente, et Laure Debienne avait suggéré à Gisèle d'emmener les garçons jusqu'à la tour Eiffel. François, mis au courant d'une répétition de concert d'orgues à Notre-Dame, lui accorda ses préférences et s'en alla vers l'île de la Cité, laissant Gisèle et René se rendre seuls au Champs-de-Mars. Ils allaient passer le porche de leur immeuble quand Georges Béraud arriva en courant. « Viens vite, viens vite, dit-il à la jeune fille. Le Pèlerin est très mal et demande à te voir. Mes parents l'ont recueilli. »

Ce fut donc la direction de la rue de la Verrerie qui eut priorité sur celle du Champs-de-Mars. Au cours d'une marche accélérée, Gisèle apprit en quelques phrases que le Pèlerin avait frappé le matin même à la porte des Béraud, demandant l'aumône d'une boisson chaude. Les parents de Georges l'avaient installé sur un lit de fortune, dans une petite pièce du rez-de-chaussée qui leur servait de réserve. Il grelottait de fièvre, le pauvre Pèlerin. Ah! il n'irait sans doute pas bien loin ! Son âge ? On ne le savait pas trop. Quatre-vingts ans, ou plus... Quatre-vingt-cinq, peut-être. De toute façon, il faisait partie de ces êtres pour qui la date de naissance importe peu !

René découvrit tout en même temps : le café-restaurant, ses habitués et ses patrons. Il fut entraîné par Lucile Béraud vers la cuisine du *Pichet d'étain,* tandis que Gisèle suivait Mathieu et Georges qui se dirigeaient vers la réserve.

« Assieds-toi, mon petit, dit Lucile à René. Il paraît que tu dessines tellement bien que tu as remporté le premier prix du concours des « Ailes d'or ».

– Oh ! c'était un dessin sur les avions qui m'était demandé, et ça me plaisait, répondit René en baissant la tête, tout comme s'il devait s'excuser de s'être fait remarquer.

– N'était-il pas question de Georges Guynemer ?

– Mais si, c'est après sa mort qu'on a proposé à tous les écoliers d'illustrer la phrase : "Il a disparu en plein ciel de gloire."

– Il a disparu ? On n'a rien retrouvé de lui ?

– Non, rien !

– Mais qu'est-il devenu ?

– Il est allé vers l'infini.

– Crois-tu ?

– J'en suis certain, et il y a trouvé la gloire.

– Comme c'est étrange, ce que tu me dis. Tu es un curieux petit garçon. Ce n'est pas étonnant que Gisèle me parle souvent de toi ! Enfin, de toi, et de tes frères. Je crois qu'elle est fascinée par vous. »

À ce moment, la porte s'ouvrit sur Georges qui ne laissa pas à René le loisir de méditer sur la réflexion de Lucile Béraud, car il l'interpella sur-le-champ : « Viens vite, René, viens vite ! Le Pèlerin sait que tu es là et il voudrait te voir. N'aie pas peur. Gisèle est auprès de lui ! »

Le jeune garçon interrogea inconsciemment du regard la patronne de l'auberge et son fils, avant de suivre ce dernier jusqu'à la chambre improvisée du rez-de-chaussée.

« N'aie pas peur, René, répéta Georges, tout en prenant la main de son petit compagnon. Le Pèlerin est un vieux bonhomme habillé de guenilles, mais qui est très gentil. J'ai bien peur que le médecin, appelé par les soins de mon père, n'arrive que pour constater son décès. Mais avant qu'on ne lui ferme les yeux, il aura le plaisir de te voir. Il souhaite tant connaître le petit frère de Pierre qui dessine des héros! Tu t'approcheras bien, afin qu'il te perçoive. Fais cela pour lui, mais aussi pour Gisèle! »

Et Georges poussa la porte de la réserve qui s'ouvrit sur des ombres...

28

Le Vendredi saint

Lettre de Gisèle à Pierre :

Paris, ce jeudi 28 mars 1918.

Mon Pierre,

J'ai perdu un ami : le Pèlerin. Hier matin, Georges est venu me dire qu'il était très mal. Le pauvre homme avait frappé de bonne heure à la porte du Pichet d'étain *pour demander une boisson chaude. Mathieu et Lucile Béraud, le voyant grelotter de fièvre, lui ont installé un lit de fortune dans la pièce du rez-de-chaussée qui leur sert de réserve.*

J'étais sur le point d'aller me promener avec

René, venu à Paris comme tu le sais sans doute à l'occasion de l'exposition « Les Ailes d'or », quand Georges nous a presque bousculés sous le porche de notre immeuble. Apprenant que le Pèlerin me demandait, j'ai pensé que nous devions tous trois nous rendre chez les Béraud. Chemin faisant, j'étais très émue et je regrettais de ne pas avoir assez insisté pour obtenir une place en faveur de mon vieil ami, à la Salpêtrière ou à l'Hôtel-Dieu. Pourtant, Laure Debienne m'avait aidée dans mes démarches !

À notre arrivée au Pichet d'étain, *Georges m'a entraînée vers la réserve que son père n'avait pas quittée, tandis que Lucile Béraud faisait entrer René dans la cuisine. Dans un coin sombre de la pièce se tenait le Pèlerin qu'une épaisse couverture n'arrivait pas à réchauffer. Ses yeux semblaient dévorer son visage, des yeux fiévreux où se lisait le regret qu'il avait de nous quitter. Sa bouche articulait quelques paroles, des paroles de remerciements. Après quelques lourdes minutes de silence, il m'a dit qu'il aimerait bien voir le petit René, parce qu'il avait dessiné des héros.*

Georges est donc allé chercher ton frère, tandis que Mathieu Béraud répondait à l'appel de quelques clients. C'est alors que le Pèlerin a voulu me donner un objet enveloppé dans un vieux papier. J'ai refusé, énergiquement refusé, ce qui a paru contrarier mon pauvre ami.

Georges est revenu. René était avec lui. Pauvre enfant ! Il tremblait. Il tremblait d'émotion, mais peut-être aussi de peur. Cependant, il s'est approché du Pèlerin et s'est laissé dévisager par deux yeux qui brillaient de fièvre. Puis un pâle sourire a éclairé la figure du vieil homme, et ses lèvres ont eu la force de prononcer : « Je sais que tu as dessiné des héros et que tu as gagné le concours des "Ailes d'or". Je tiens à te remercier d'avoir travaillé pour la Patrie. » À ce moment, les mains du Pèlerin obligèrent celles de René à se refermer sur le vieux papier et son contenu. Ce furent ses dernières paroles. Ce fut son dernier geste, avant de mourir.

Je passe sur la venue du médecin pour le constat de décès et le permis d'inhumer. Cet après-midi, je n'ai pas pu accompagner mon pauvre ami jusqu'à la fosse commune qui sera sa dernière demeure. Mais, demain, j'irai prier pour lui à Saint-Gervais, car c'est l'église qu'il affectionnait.

Hier soir, je suis allée conduire tes frères à la gare d'Austerlitz, et, juste avant le départ du train, François a mis dans ma poche avec autorité ce que le Pèlerin avait donné à René. J'ai voulu le lui rendre, mais c'était trop tard ! « Garde ce diamant pour le rachat de ton contrat ! m'a crié François, René est d'accord ! » Ils sont donc au courant tous les deux ! Enfin, j'espère qu'ils ne sont pas vraiment au courant, et qu'ils ne parleront pas. J'ai confiance en eux, mais, du diamant, je n'en veux pas !

Écris-moi, Pierre. Dis-moi que tu as choisi la difficulté mais que tu ne regrettes rien. Je suis fière de toi, mais je tremble pour toi ! Comme la vie d'aujourd'hui est difficile à vivre !

Il est tard, trop tard pour aller poster cette lettre. Je ne le ferai que demain soir.

Je t'embrasse mille fois.

Ta GISÈLE.

Vendredi saint.

Pierre, c'est affreux, c'est horrible, c'est atroce ! Je tremble, j'écris mal. Je ne sais plus où j'en suis... L'église Saint-Gervais, cet après-

midi, pleine de monde. Grandes orgues. Chants superbes. Prières pour la paix. Brusquement, l'horreur! Bruits monstrueux. Craquements. Cris. Hurlements. Plaintes et sanglots. Des chutes de pierre. Le bleu du ciel. Plus de voûte devant moi. Le toit s'était effondré.

On criait dedans, dehors. On courait dehors, dedans. Puis on se reprit et les secours s'organisèrent.

J'ai aidé à sortir des décombres un groupe d'enfants. Des enfants pas plus grands que René. Plus jeunes, même, pour certains. Des enfants qui priaient Dieu!

On dit que c'est un canon géant qui tire sur Paris. Le 23 mars, les berges de la Seine ont déjà été bombardées, sans que l'observation du ciel ne révélât le moindre avion. Ni Zeppelin[1]*, ni Taube*[2]*, d'ailleurs. On parle aujourd'hui d'une centaine de morts. Beaucoup de blessés également. Le gros canon, on l'appelle « la Grosse Bertha ». Pierre, qu'allons-nous devenir?*

Ta pauvre, pauvre GISÈLE.

1. Zeppelin : ballon dirigeable rigide, construit par les Allemands à partir de 1900, et portant le nom de son inventeur.

2. Taube : avion de reconnaissance allemand.

Lettre de Pierre à Gisèle :

Camp d'Avord, 7 avril 1918.

Ma Gisèle,

Comme je voudrais être à tes côtés pour te consoler ! C'est toi, finalement, qui es dans la guerre, et non pas moi !

Que de mauvaises nouvelles ! La mort de notre ami le Pèlerin m'a touché. Il était tellement sympathique, ce pauvre homme ! J'espère que Jojo va se trouver un autre compagnon.

Tu es allée prier à l'église Saint-Gervais, et le malheur a voulu qu'un obus l'atteigne. Tu as vu la mort de trop près pour ne pas être en état de choc. Dis-toi que chacun d'entre nous ne fait que suivre son destin. Des enfants sont morts, mais toi tu es vivante. Des enfants sont morts qui étaient en train de prier Dieu. Puisse le Paradis exister !

Toi, tu vis. Tu as le droit et le devoir de vivre... et de retrouver le goût de vivre ! Gisèle, le diamant dont tu me parles est un don du Ciel. Un don qui est passé par le Pèlerin, et par René, mais qui t'était destiné depuis la nuit des temps !

Voilà ce que tu dois faire : le vendre, et utiliser l'argent que tu en tireras pour racheter ta liberté. Puisque tu ne peux résilier le contrat que tu as signé avec le truand dont tu m'as parlé qu'en lui versant une forte somme, il faut passer par là ! Sois assurée de l'aide de Georges. Je lui écris par ce même courrier pour lui demander de contacter un joaillier. C'est un garçon bien qui saura tenir sa langue. Tu peux également compter sur la discrétion de mes frères. Je viens de recevoir une lettre de François qui me le confirme.

Gisèle, ce diamant est à toi. Le Pèlerin l'a remis à René parce que tu le lui avais refusé.

Gisèle, fais ce que je te dis.

Je t'embrasse de tout cœur encore, encore et encore.

Ton PIERRE *qui te chérit.*

P.-S. : Nous partons bientôt. Pour le front, je crois. Si je meurs... nous nous retrouverons en Paradis !

Lettre de Gisèle à Pierre :

Paris, 20 avril 1918.

Mon Pierre,

Je t'ai écouté. D'ailleurs, Georges a beaucoup insisté auprès de moi pour que je suive tes directives. L'affaire a été conclue avec le joaillier qu'il connaissait.

Le jour même de la vente du diamant, nous avons demandé à voir mon patron, et nous lui avons remis la somme qu'il demandait. Enfin, un peu moins, car Georges était arrivé à faire baisser les exigences de ce truand lors d'une première entrevue. Il me reste de l'argent. Tu me diras ce que je dois en faire. Peut-être serait-il bien de défrayer Armand Dupuis d'une part de ce qu'il a versé pour mes cours.

Je suis dégagée de mon contrat. Merci à vous tous qui m'avez permis de retrouver la liberté. Merci du fond du cœur.

Je ne peux pas dire cependant que j'ai retrouvé le goût de vivre. Je suis encore très marquée par le bombardement de l'église Saint-Gervais. Je crois entendre les chants, les cris, les craquements, les grandes orgues. Tout cela pêle-mêle, dans ma pauvre tête. On relève actuellement les décombres, mais j'évite de passer par ces lieux de sinistre. Ça me fait trop mal !

Mais voilà que je parle des catastrophes de l'arrière, alors que toi, tu es sur le front. Dans ta lettre du 15 avril, tu me dis avoir quitté le camp d'Avord. Les détails que tu me donnes ensuite me laissent supposer que tu es en première ligne, et ils m'effraient. Je reprends tes propres termes : « On voit les éclairs des batteries allemandes qui nous tirent dessus. On n'a pas de tranchées pour se protéger, mais des trous creusés à la hâte par les fantassins. Je suis chargé de surveiller l'état de notre fil téléphonique. Pour chercher les coupures, je le tiens entre deux doigts et je le suis... » Pierre, tout cela me fait peur. Enfin, tu me dis être heureux et fier, alors, je te pardonne de t'être lancé dans la mêlée.

As-tu entendu parler d'une grippe très dangereuse ? On dit qu'elle est originaire d'Asie, qu'elle est passée par l'Amérique, et qu'elle arrive en France par Brest et Bordeaux, à la faveur du débarquement des troupes d'outre-Atlantique. C'est une maladie terrible. Un fléau de plus, en quelque sorte !

Je reprends cependant confiance quant à l'issue de la guerre. Il paraît que les Allemands en ont fini avec les victoires. Ludendorff peut apprécier ses succès de mars dernier dans la Somme, car ce seront les derniers. D'ailleurs, il n'a pas à s'en glorifier. Depuis deux mois que la Russie a signé une paix séparée avec l'Allemagne, le Kaiser n'arrête pas de dégarnir son front Est au profit de son front Ouest! On assure que Foch a maintenant la responsabilité de toutes les forces alliées. C'est notre président du Conseil, Georges Clemenceau, qui a tenu à cette unité de commandement. C'est un dur, ce Clemenceau, dont le programme se résume en trois mots : ***Faire la guerre.*** *On l'appelle « le Tigre ».*

Et puisque je peux parler de tout avec toi, et que je ne veux rien te cacher, sache que j'ai reçu récemment une nouvelle lettre des parents d'Alexandre. Ils m'invitent à aller voir leur fils chez eux, mais je compte refuser.

Garde-toi bien, mon Pierre, et reviens-nous un jour couvert de gloire. Même avec ta veste trop grande et ton pantalon trop court, je suis sûre que tu es le plus beau de tous nos soldats. Comme je voudrais te voir!

Je te quitte pour ce soir. Mille baisers.

Ta GISÈLE.

P.-S. : J'entends beaucoup parler du théâtre aux armées. Tu sais sans doute que Sarah Bernhardt, elle-même, a joué sur le front. Sans me prendre pour cette grande dame, j'aimerais bien faire partie d'une troupe... qui irait jusqu'à toi. Mais, ça tiendrait du miracle! Il me reste à espérer que les jeunes personnes qui chanteront pour ton régiment La Madelon vient nous servir à boire *ne seront pas trop jolies, et que tu ne boiras pas trop! Car on dit aussi que l'alcool est le viatique du soldat!*

29

L'homme qui avait fait 70

En cette fin d'avril 1918, on croyait revivre les heures dramatiques de septembre 1914. Les Allemands avaient repris leur slogan « *Nach Paris* », et le coup de boutoir qu'ils s'étaient acharnés à donner dans la région de Château-Thierry faisait trembler pour la capitale.

Émilie Carpentier, depuis la catastrophe de l'église Saint-Gervais, s'appliquait, pour éviter de faire souffrir un cœur de mère, à cacher les journaux à Maine. Celle-ci avait bien entendu parler de « la Grosse Bertha », surnom donné à l'engin qui tirait sur Paris, mais ne savait pas que les quartiers touchés par les obus étaient quotidiennement arpentés par Gisèle.

Curieusement, depuis qu'on avait pu identifier le monstre braqué sur Paris, il passionnait moins qu'au début de ses exploits. C'était un canon, appelé « Max le long » par les spécialistes, d'une portée de tir de 120 kilomètres, camouflé près de Laon, dans la forêt de Saint-Gobain, sur le petit éperon rocheux de Montjoie. On pensait d'ailleurs que le recul des Allemands était imminent, et que le monstre cracheur d'obus reculerait avec eux ! Car, malgré la gravité de la situation, on s'était remis à espérer, et ceci pour plusieurs raisons. D'une part, on savait imminente l'entrée effective des troupes américaines dans le combat. D'autre part, on faisait confiance à la tactique de Foch. Enfin, on adhérait à l'âpre volonté de vaincre d'un Georges Clemenceau.

Armand Dupuis, plus que quiconque, se posait en admirateur du « Tigre ». Cet homme de sa génération le fascinait par bien des points. Jeune étudiant en médecine, Georges Clemenceau s'était fait l'adepte des idées républicaines, au mépris des geôles de Napoléon III, auxquelles il avait cependant goûté ! Disciple de Blanqui – ce défenseur invétéré de la classe ouvrière –, il était resté fidèle à l'homme et à sa cause, même aux heures les plus sombres. Maire de Montmartre lors de la marche des Prussiens en 1871, il n'avait pas rejeté le peuple, qui, pourtant, était allé jusqu'à l'accuser de trahison, lorsqu'il négociait avec Thiers pour faire racheter les canons montmartrois par l'armée régulière et éviter ainsi une guerre civile.

Obligé de quitter sa mairie, il avait retrouvé sa passion de toujours – le journalisme –, sans oublier son inclination pour la politique. S'il s'appliquait à faire tomber les ministères par les vigoureux articles de son journal *L'Aurore*, ce n'était pas par vengeance, mais par clairvoyance. L'ancien ministre et président du Conseil qu'il représentait n'usait pas de procédés lâches !

Il avait attaqué avec la même véhémence Gambetta et Jules Ferry. Méfiant à l'égard des officiers, il était pourtant devenu dreyfusard aux côtés de Zola. Anticlérical à outrance... il acceptait cependant de décorer des hommes d'Église. Un provocateur, un gênant, ce Georges Clemenceau, mais un homme dont on ne pouvait pas se passer... même quand on était président de la République, ce qui expliquait que Raymond Poincaré l'ait appelé à la présidence du Conseil, bien qu'il fût son ennemi juré !

Armand Dupuis, toutes proportions gardées, se retrouvait dans cet homme infatigable. Le côté original du personnage n'était pas, à ses yeux, le moins séduisant, et accentuait leur similitude. En cette quatrième année de guerre, Armand Dupuis jouait les grands stratèges militaires, et exposait son point de vue à qui pouvait l'entendre. « Au lieu de s'obstiner à vouloir percer les lignes ennemies là où elles sont les plus solides, c'est-à-dire sur le front Ouest de l'Allemagne, on ferait mieux de s'acharner sur les alliés du Kaiser qui n'en peuvent plus, et entrer chez les Boches par leur flanc Est », affirmait-il avec véhémence. Et il ajoutait : « Les officiers ne voient la guerre que par le petit bout de la lorgnette. C'est fou ce qu'ils sont vieux ! Il faudrait rajeunir Saint-Cyr ! »

Et, si la stratégie surprenait un peu, le fait d'entendre prôner la jeunesse par « un homme qui avait fait 70 » n'étonnait pas le moins du monde. La jeunesse, il la détenait. On le voyait arpenter le pays de son pas alerte, boucles blanches au vent et cartable sous le bras.

Toujours prêt à rendre service à qui avait une lettre à faire, un questionnaire à remplir, voire même une facture à payer. Indispensable à l'école, à la mairie, au bureau de souscription pour la Défense nationale, on n'imaginait pas que la vie du pays pût continuer sans lui. Curé du village, et sans doute médecin mis à part, tout le monde pensait qu'il était éternel. Et si Clemenceau avait commencé sa deuxième carrière à soixante-seize ans, lui était fier de sa reprise de service à soixante-dix ans !

Il écrivait souvent à Gaston Carpentier, parce qu'il se plaisait à manier la plume, mais aussi parce qu'il aimait trouver en lui un interlocuteur de haut niveau. Leurs échanges, au cours des permissions, ne lui suffisaient pas. Notre bonhomme ne renonçait pas à l'idée originale, préalablement exposée à son ami d'ailleurs, qui consistait à attaquer l'Allemagne en passant par la Turquie. Quand il réitéra sa stratégie, Gaston Carpentier fut un brin ironique en écrivant : « Que d'enthousiasme juvénile dans votre projet ! »

Mais quand, en juillet 1918, on parla d'offensives dans les Balkans, qui visaient à traverser la Turquie, la Serbie et la Roumanie pour s'ouvrir la route de l'Allemagne, Gaston

Carpentier fit amende honorable. Il écrivit en complimentant son ami et assura que les officiers supérieurs auraient dû le consulter. Il terminait ainsi sa lettre : « ... *Ne prenez pas mal ce que je vous dis. J'ai trop d'admiration, de respect et d'amitié à votre égard, pour qu'il y ait place à la moquerie dans mes propos. J'applaudis en vous un fonceur doublé d'un sage. La France a besoin d'hommes de votre trempe !* »

Armand Dupuis ne releva pas ce compliment dans sa lettre-réponse. Il ne parla pas même de la guerre des Balkans, car la fin tragique de la dynastie des Romanov prenait à ses yeux le devant de la scène. Il écrivit à ce sujet : « *Par un article de la revue* L'Illustration *je viens d'avoir confirmation de l'assassinat de Nicolas II et de sa famille, ce qui ne circulait ces temps derniers que sous forme de rumeurs. Ce crime a été commis par les Soviets, le 16 juillet dernier. Tout républicain que je suis, je ne saurais applaudir à un acte de barbarie, dût-il mettre fin à une dynastie qui a fait preuve d'injustice, d'intolérance, voire de cupidité. Qu'on ait détrôné le tsar en mars 1917, c'est une chose. Qu'on l'ait assassiné avec femme et enfants dans les souterrains d'Eka-*

terinenbourg, c'en est une autre ! Rien ne peut excuser une telle ignominie.

Et quand je lis des articles qui tendent à faire passer Nicolas II pour un lâche, je dis : Non ! On oublie qu'au printemps de 1916, il a accepté d'attaquer les Allemands sur le front russe, ceci à la demande du général Pétain qui visait à soulager nos troupes de Verdun. Des soldats russes sont morts pour sauver des soldats français. Il n'est pas permis de l'oublier !

Si le traité de Brest-Litovsk, conduisant à la paix entre l'Allemagne et la Russie, n'a pas plu à tout le monde, il faut se rappeler que ce n'est pas au tsar qu'on doit imputer cette sorte de capitulation, mais au gouvernement de Lénine et à Trotski, qui l'a signé.

J'évite de parler à Émilie de ces événements tragiques, bien qu'elle en ait été informée. Je la sais fascinée par la Russie des tsars. Un reste de romantisme que je respecte... Quant à votre petit René, j'ai cru plus sage de l'épargner aussi : je lui ai assuré que nous étions abusés par de fausses nouvelles, car l'idée du tsarévitch assassiné lui était intolérable. Et pourtant, ils ont bien tous été massacrés !»

À la fin de juillet 1918, les journaux exposèrent la réussite de la contre-offensive alliée en Champagne, et l'on eut l'impression qu'Armand Dupuis se grisait des succès de nos soldats. En classe, il revint à la carte aux épingles, soucieux qu'il était de donner à ses élèves l'assurance d'une victoire prochaine. Même les résultats exceptionnellement brillants du certificat d'études ne le détournèrent pas de son but. Il avait une telle confiance dans les armées alliées, qu'à la veille de la reprise de Soissons – car celle-ci paraissait imminente – il anticipa les événements à venir, en profilant une contre-attaque sur la Somme, et une autre dans les Flandres.

Les enfants étaient fascinés par un maître qui s'adressait à eux comme à des adultes. Il leur expliquait que c'en était fini de la technique rigide de pilonnage « à la Ludendorff ». On en était au triomphe des attaques surprises par des chars d'assaut légers, des attaques « à la Foch ! ». Nous allions de l'avant. Il fallait que les armées allemandes reculent, « et plus vite que ça ! ».

Ce furent des élèves chauffés à blanc, sûrs de l'imminence de la victoire, qui quittèrent leur école le mercredi 31 juillet 1918, pour deux mois de vacances. Ils transmirent si bien le message reçu que, cette année-là, dans le petit village du Loiret, on faillit attendre le retour des hommes pour engranger la moisson...

Au début du mois d'août, s'ennuyant peut-être de ses élèves, Armand Dupuis décida d'aller passer quelques jours à Paris. Pour la forme, il proposa à son épouse de l'accompagner, mais il connaissait par avance la réponse qu'elle lui opposerait. « Je crois qu'il est devenu fou, confia Amélie Dupuis à sa sœur. Il fut un temps où il se contentait de prendre mes épingles pour les emporter à l'école. Maintenant, il prend le train pour aller au théâtre applaudir Gisèle. Il veut même voir la tour Eiffel depuis qu'il sait qu'on y a installé des appareils pour la radio ! »

Eh oui ! À la Comédie-Française, Gisèle avait obtenu le rôle de Colombine, dans *Le Beau Léandre* – en doublure seulement, mais c'était déjà cela ! –, et le général Gustave Ferrié améliorait son matériel de radio-communications en utilisant la tour Eiffel comme antenne depuis le début du siècle.

De retour chez lui, Armand Dupuis fut accueilli par son épouse avec un brin d'inquiétude feinte : « Tu vas bien avoir attrapé la grippe espagnole, en étant allé là-bas, et y'a plein d'gens qui en meurent ! », lui dit-elle en larmoyant. Ce à quoi l'admirateur de Clemenceau répondit que ce n'était pas la peine de se rendre à Paris pour cela, car la maladie semblait couver dans tous les coins de la France, après avoir pratiquement fait le tour du monde.

Et comme la perspective d'un rhume ou d'une grippe faisait toujours ressortir des placards la tisanière en porcelaine blanche d'Amélie, Armand Dupuis fit un effort louable pour avaler ce qu'il appelait « du bouillon de malade ». Devant les craintes réelles de son épouse, il accepta même de ralentir ses activités, ceci pour quelques jours. Il resta enfermé de longues heures dans sa bibliothèque, après avoir fait provision de revues et de journaux.

Armand Dupuis suivait les progrès de la science, à laquelle, il fallait bien le reconnaître, la guerre avait donné une grande extension. L'industrie des explosifs, privée de beaucoup de matières premières par suite du blocus, contournait les difficultés en réalisant des produits de synthèse. Ainsi fabriquait-on des nitrates, de l'essence, de l'acétone et du caoutchouc. Mieux encore, un certain Ernest Rutherford était sur le point de provoquer la désintégration de l'atome ! Et les rayons X de ce pauvre Moseley, mort aux Dardanelles, donnaient à penser qu'ils auraient beaucoup d'applications pratiques...

« L'homme qui avait fait 70 » acceptait d'être consigné dans sa bibliothèque, à condition d'en échapper par le biais des rayons X et de la désintégration de la matière !

30

Le champ d'honneur

L'église semblait avoir pris le deuil de tous ceux qu'il fallait pleurer. Blanches étaient les fleurs et la nappe de l'autel, noires la chasuble du prêtre et la soutane de l'enfant de chœur, blancs leurs surplis de linon, noir le tapis des marches de l'autel.

Des drapeaux aux couleurs des Alliés, dont les hampes avaient été fixées aux paliers du chœur, dominaient le prêtre, son jeune répondant, l'autel et ses fleurs. À travers les vitraux glissait une pâle lumière d'automne, qui se colorait à la faveur du manteau bleu de la Vierge, des tuniques écarlates de saint Côme et de saint Damien, de la verte campagne d'une Jeanne d'Arc écoutant ses voix, et d'un soleil éternel couronnant le Christ. Comme si la couleur, ce jour-là, ne pouvait venir que d'En Haut.

Un groupe entra dans l'église. En tête un homme vêtu de noir, soutenant une femme dont la tête et les épaules disparaissaient sous des voiles de crêpe. Derrière eux, un jeune adolescent marchait à côté d'un homme qui, ne sachant que faire de ses mains, les avait jointes derrière son dos. Tous deux baissaient la tête, l'un pour cacher ses larmes, l'autre pour cacher sa gêne d'entrer pour la première fois dans une église.

Suivaient deux femmes, l'une grande et mince, l'autre grande et trapue, mais que l'uniformité des vêtements de deuil faisait se ressembler. Deux hautes silhouettes sombres terminaient le groupe qui, lentement, avançait dans l'allée centrale d'une église du XIIIe siècle.

Parce que M. le curé de Donnery avait affirmé que l'Église ne pouvait rejeter un enfant qui avait aspiré à l'existence de Dieu à travers certaines de ses lettres, parce que la mère de cet enfant avait été élevée dans la religion catholique et avait souhaité que ses garçons le fussent aussi, parce qu'une jeune amie avait intercédé auprès du curé du village en faveur de celui qu'elle avait perdu, parce qu'un anticlérical n'avait pas pu rester sourd à la supplique d'une mère malgré ses réticences en la matière, Gaston, Émilie, François, Paul, René Carpentier, Maine, Gisèle et Armand Dupuis venaient assister au service religieux qui allait être dit à la mémoire de :

PIERRE CARPENTIER,
du 120e Régiment hippomobile
ASPIRANT
MORT AU CHAMP D'HONNEUR.

C'était le mardi 24 septembre 1918.

Mais, dès le mardi suivant, 1er octobre, Gaston Carpentier avait rejoint le front de Champagne, Gisèle jouait à la Comédie-Française, Émilie, tout de noir vêtue, traversait la cour de récréation pour se rendre à sa classe, François et Paul retrouvaient l'école primaire supérieure d'Orléans, tandis que René la découvrait, Armand Dupuis plantait un drapeau de plus sur la carte aux épingles pour signifier la mort d'un héros, et Maine s'activait pour mettre en échec le vide qui menaçait d'envahir la maison.

On avait le sens du devoir.

31

La onzième heure, du onzième jour, d'un onzième mois

En ce lundi 11 novembre 1918, Gaston Carpentier, qui devait repartir pour le front le lendemain après une permission régulière (celle de septembre ne lui ayant été accordée qu'à titre exceptionnel), avait passé le début de la matinée à la mairie de Fay-aux-Loges, au côté d'Armand Dupuis, remplaçant provisoirement M. le maire, atteint par la grippe espagnole.

Les cloches sonnaient à toute volée. Des cloches de joie, des cloches de fête, des cloches qui avaient tu pendant trop longtemps leurs notes cristallines pour ne pas être un peu folles, un peu capricieuses, un peu désinvoltes.

Leurs carillons envahissaient les rues, les jardins, les maisons, les fermes et les prés, les champs et les bosquets, les bois et les forêts.

Mais la liesse populaire était presque aussi bruyante que les cloches. On riait, on chantait, on criait, on sautait, on dansait, on courait, on applaudissait, on agitait des drapeaux, on s'embrassait à grands renforts d'exclamations : « C'est fini ! C'est fini ! Finie la guerre ! Finie l'horreur ! »

C'était la onzième heure, du onzième jour, d'un onzième mois.

Il eût fallu que ressuscitent tous ceux qui avaient donné leur vie pour ce jour de gloire, afin que la joie fût complète. Mais ils dormaient d'un sommeil éternel qui, malgré l'allégresse, faisait couler bien des larmes...

Dès le 8 novembre avaient couru des bruits de paix. Des bruits de révolution également, mais en Allemagne cette fois. Des mutineries de marins, puis de soldats, auxquelles s'étaient joints des mouvements ouvriers, avaient conduit à l'abdication du Kaiser, le 9 novembre. Friedrich Ebert, à la tête d'un gouvernement provisoire, n'aspirait qu'à la paix.

La paix, elle avait commencé à se profiler au cours des semaines précédentes, à la faveur des armistices signés avec la Bulgarie, la Turquie et l'Autriche-Hongrie. Mais, pour le Français, le véritable ennemi était l'Allemand. Le Prussien, comme disait encore Maine, le Prussien et son casque à pointe. Les images d'Épinal restaient gravées dans les mémoires !

La foule qui s'était massée au cours de la matinée dans la mairie de Fay-aux-Loges attendait l'annonce de la *vraie paix*. Armand Dupuis et Gaston Carpentier avaient multiplié les appels téléphoniques, ne quittant pas le bureau du maire, et venant faire part à leurs concitoyens des informations reçues. Oui, les États-Unis acceptaient, eux aussi, d'envisager la fin des hostilités. Oui, les pourparlers étaient commencés. Oui, Foch avait précisé les clauses d'un armistice. Oui, une délégation allemande était partie de Spa en train spécial pour rencontrer les représentants des puissances alliées. Oui, on pouvait croire à la paix. Oui, il fallait y croire. Oui, on devait y croire. Oui, c'était signé !

Depuis que l'actrice qu'elle doublait dans *Le Beau Léandre* avait repris son rôle, Gisèle était en attente de remonter sur les planches sous la direction de Berthe Bovy. Une relâche des répétitions, due à la participation de cette grande dame à des jurys, donnait quelques jours de repos à notre comédienne qui était venue les passer auprès des siens. La jeune fille imaginait, à la lueur de l'allégresse d'un petit village, la liesse d'un Paris qu'elle avait quitté sur le point d'exploser de joie. La foule sur les Grands Boulevards. Les enfants grimpés sur les trophées de la place de la Concorde. Les bouquets de fleurs s'entassant au pied de la statue représentant la ville de Strasbourg, déjà décorée aux couleurs de la France depuis la reprise de l'Alsace-Lorraine. Des drapeaux, des banderoles, des cocardes, des tambours, des trompettes. Des monômes et des farandoles menés au rythme de refrains militaires. Paris, qui de tout temps avait su vivre les grandes heures de la France, devait se surpasser en cette journée exceptionnelle !

Gaston Carpentier revint de la mairie au son des premières envolées de cloches. Maine était sur le pas de la porte. Elle tomba dans ses bras et se mit à sangloter sur son épaule. Gisèle accourut, et attira sa mère à elle, un peu gênée de la voir s'épancher avec si peu de retenue. « Faut pas m'en vouloir, monsieur

Gaston, répétait-elle, faut pas m'en vouloir, c'est peut-être de joie que je pleure ! » Émilie rejoignit le groupe dans le couloir. Elle embrassa Maine avec beaucoup d'émotion, puis Gisèle, puis son époux, sans mot dire. Gaston Carpentier la serra contre elle en soupirant : « C'est fini, mais on ne peut pas oublier » ! Puis il entraîna les trois femmes dans la salle à manger et leur demanda de bien vouloir mettre le couvert pour six personnes. « J'ai invité Armand et Amélie Dupuis à déjeuner, précisa-t-il. Moi, je prépare ce qu'il faut pour boire la bouteille de champagne qui attend ce jour depuis bientôt cinq ans. Je vais sortir les flûtes de cristal, celles qui plaisaient tant à Pierre. »

Pierre. Il fallait bien prononcer son nom, puisque tout le monde pensait à lui. Mais c'en était trop pour Gisèle. Ce fut elle, cette fois, qui se mit à pleurer, mais alla cacher son chagrin dans sa chambre.

Le déjeuner fut accompagné par les bruits de la rue, plus encore que par les conversations qui s'imposaient en ce jour. On se força à lever son verre à la santé de tous les vainqueurs. On se força à manger. On s'appliqua à retenir ses larmes. Et, quand on se sépara, après avoir apprécié la fraîcheur et la pétillance du vin de Champagne, on admirait, au fond de soi, le courage de chacun.

Armand Dupuis regagna la mairie. Son épouse rentra chez elle « pour se reposer un peu ». Maine glissa vers la cuisine, Gaston Carpentier entraîna Gisèle jusqu'à la bibliothèque, tandis qu'Émilie s'attardait au salon.

« J'ai à te parler », avait dit à la jeune fille celui qui lui servait de père, et cela ne l'avait pas surprise. En revanche, elle fut étonnée par la phrase d'introduction : « Gisèle, je ne veux plus te voir en deuil ! Pierre n'aimait pas le noir. Tout comme je l'ai dit à sa maman, il faut respecter ses goûts.

– Mais la disparition de Pierre est encore si récente, balbutia Gisèle. Et puis, c'est la coutume de porter le deuil !

– En province, oui, mais à Paris, on peut échapper à cette habitude.

– Je ne suis pas sûre de rester à Paris.

– Et pourquoi, cela ?

– Je trouve maman très fatiguée. Je crois que ma place est auprès d'elle. Émilie Carpentier aurait également besoin de moi. Elle me l'a dit.

– Sois tranquille, Gisèle, je veillerai sur l'une et sur l'autre à mon retour. La guerre étant finie, mes reprises de fonctions ici ne sauraient tarder. Ne renonce pas au théâtre alors que tu commences à t'y faire une place !

– Je ne suis pas sûre d'avoir la vocation de la scène. Je crois que je voulais devenir comédienne pour me valoriser aux yeux de Pierre. Alors, maintenant que Pierre n'est plus... Je l'aimais tant !

– Laisse passer les années, mon petit. Et puis, dis-toi bien que, Pierre et toi, vous vous étiez construit un amour à l'image d'un palais merveilleusement beau, mais inaccessible, car vous ne pouviez aller jusqu'aux liens du mariage. Votre différence d'âge ne représentait pas un obstacle, puisque tu n'étais son aînée que de trois ans et demi. Non, élevés comme frère et sœur, la véritable barrière qui vous séparait, c'était votre enfance. Ton avenir ne s'inscrivait pas auprès de lui ! » Et Gaston Carpentier se mit à caresser les boucles brunes de Gisèle, comme il le faisait quand elle était une toute petite fille, et l'aida à essuyer ses larmes. Il laissa passer quelques minutes, puis il reprit : « Gisèle, il faut que je te dise que les parents d'Alexandre m'ont écrit plusieurs fois. Leur fils continue à espérer qu'un jour, tu l'accepteras, bien qu'infirme. C'est un grand blessé de guerre. Je ne t'apprends rien, puisque c'est le jour de la fête de la Gloire que tu l'as connu, fête réservée aux soldats mutilés.

– Mais c'est Geneviève Debienne qu'il a choisie !

– L'idylle entre Geneviève Debienne et lui est un produit de ton imagination, je dirais plutôt, de ta jalousie.

– De ma jalousie ?

– Mais oui, accepte de reconnaître que tu étais jalouse. Et il n'y a pas de jalousie sans amour ! Un bon conseil, encore, dans ce domaine : laisse faire le temps. Réponds à ta vocation théâtrale et va rendre quelques visites à Alexandre qui habite un petit appartement aménagé dans celui de ses parents, rue Lobau. C'est tout à côté de chez toi !

– Vous me parlez de vocation, dit Gisèle en s'essuyant les yeux. Croyez-vous que ça existe vraiment, les vocations ?

– Plus que jamais, si je fais référence à mes fils. Pierre est entré à l'École normale contre son gré. Il voulait préparer Saint-Cyr, mais je m'y suis opposé, malgré la satisfaction qu'en aurait tirée sa maman. Le résultat, tu le connais. Pierre est mort au champ d'honneur, non pas dans l'uniforme tant convoité d'un saint-cyrien, mais dans le simple uniforme d'un aspirant. L'aspect des armes s'est révélé plus fort que mon refus. J'en tire une amère leçon dont je veux faire bon usage vis-à-vis de mes autres fils.

Le silence s'installa. Gisèle leva les yeux vers la reproduction d'un tableau de Gauguin, mise en bonne place au-dessus du bureau du maître de maison. Une œuvre colorée que Pierre admirait beaucoup : « Les cavaliers de la plage ». Était-il parti avec eux, Pierre, se demandait Gisèle, vers des horizons ruisselants de soleil ? C'est vrai qu'il n'aimait pas le noir !

« Tu vois, mon petit, reprit Gaston Carpentier de sa voix chaude, j'ai fait semblant d'ignorer les cours de musique que François prenait avec le curé de Donnery, le temps que Paul consacrait à ses écrits, et les dessins dont René surchargeait ses cahiers à une époque où il aurait mieux fait d'apprendre ses tables de multiplication. J'ai fait semblant d'ignorer tout cela... Je m'en félicite aujourd'hui, et je suis prêt, surtout, à encourager leurs vocations. Je sais que François a une superbe voix de baryton, tout comme son grand-père maternel, musicien de surcroît. Il m'apparaît, d'autre part, que Paul a un style bien à lui, qui pourrait le conduire à une carrière littéraire. Quant à la valeur du coup de crayon de notre petit René, elle ne peut pas être mise en doute ! Mes fils choisiront un métier en fonction de leurs aspirations et de leurs dons. Toi, ta vocation, c'est le théâtre !

– Et si je dois y renoncer ?

– Non, on ne renonce pas à ce genre de théâtre quand il vous appelle, car celui que tu as choisi n'exige pas le sacrifice de ses acteurs. Ce n'est pas comme le grand théâtre des opérations ! »

Un bruit de porte se fit entendre, puis trois silhouettes bleu marine passèrent devant la fenêtre de la bibliothèque. « Tiens, dit Gaston Carpentier, nos pensionnaires doivent bénéficier d'une permission exceptionnelle. Voilà notre musicien, notre poète et notre dessinateur. Place aux artistes ! »

Mais, quand la porte s'ouvrit, François, Paul et René ne servaient que de toile de fond. Un homme aux boucles blanches avait pris le devant de la scène et déclarait : « Je vous apporte, toutes chaudes, les dernières paroles de Clemenceau : La France, hier soldat de Dieu, aujourd'hui soldat de l'Humanité, sera toujours le soldat de l'Idéal ! »

TABLE

AU CATALOGUE DU LIVRE DE POCHE JEUNESSE :

AIKEN Joan	Les Perles de la pluies et autres contes	283
ALAIN Jean-Claude	Shawn la Baleine	397
ALAIN-FOURNIER	Le Grand Meaulnes	23
ALCOCK Vivien	Le fantôme vous salue bien	259
ALCOTT Louisa May	Les quatre filles du docteur March	41
ALDRIDGE James	Le merveilleux cheval mongol	406
ALDRIDGE James	La véritable histoire de Spit MacPhee	401
ANDERSEN Hans-C.	Poucette et autres contes	19
BAUM L. Frank	Le magicien d'Oz	383
BAWDEN Nina	L'enfant transparent	421
BERNA Paul	Le cheval sans tête	34
BICHONNIER Henriette	Émilie et le crayon magique	176
BICKHAM Jack	Le faucon de Billy Baker	25
BIEGEL Paul	Le brigand de Mademoiselle est avancé	233
BIEGEL Paul	La Princesse Rousse	298
BLAZKOVA Jaroslava	Un merveilleux grand-père	65
BOCHOLIER Gérard	Poèmes du petit bonheur	136
BOURGUIGNON FRASSETO C.	Le neveu de Goya	286
BOURGUIGNON FRASSETO C.	Le frère de lait de Napoléon	369
BRINSMEAD Hesba	Naufragés des sables	339
BRISOU-PELLEN Évelyne	Deux ombres sur le pont	314
BRISOU-PELLEN Évelyne	Le cosaque dans la neige	365
BRISOU-PELLEN Évelyne	Les Cinq Écus de Bretagne	453
BRU C. et WILHELM A.	Le corsaire de la Baltique	345
BUCKERIDGE Anthony	Bennett et sa cabane	7
BUCKERIDGE Anthony	Bennett et ses grenouilles	94
BURKETT Molly	La maison du bonheur	275
BURNETT Frances H.	Le petit Lord Fauntleroy	377
CAMUS William	Le Faiseur-de-Pluie	84
CARÊME Maurice	Au clair de la lune	136
CARÊME Maurice	A l'ami Carême	137
CARMI Daniella	Ils ont arrêté mon père	459
CARMINATI Muriel	Mémoire d'éléphant	350
CARMINATI Muriel	Le nombril du monde	381
CARRANZA Maite	Vieux héros cherchent image neuve	322
CARROLL Lewis	Alice au pays des merveilles	44
CARTER Forrest	Petit Arbre	412
CASSEDY Sylvia	Morton, l'enfant différent	409
CÉNAC Claude	La révolution des croquants (tome 1)	285
CÉNAC Claude	La révolution des croquants (tome 2	373
CÉNAC Claude	Le tonnerre de Madrazès	400

EIGE Lillian	J'ai kidnappé Mister Huey	425
ENDE Michael	Momo	404
ERCKMANN E. et CHATRIAN A.	Histoire d'un conscrit de 1813	396
ESCARPIT Robert	Les contes de la Saint-Glinglin	1
ESCARPIT Robert	Les reportages de Rouletabosse	55
ESCARPIT Robert	Les vacances de Rouletabosse	179
FARRÉ Marie-Raymond	Ah ! si j'étais un monstre...	93
FÉRON ROMANO José	La Bête du Gévaudan	267
FÉRON ROMANO José	Martin Luther King	457
FÉRON ROMANO José	Échec au gouverneur	326
FÉRON ROMANO José	Mozart. L'avenir d'un enfant prodige	328
FITZGERALD John	Grosse Tête	409
FLEISCHMAN Sid	L'homme qui brillait la nuit	33
FLEISCHMAN Sid	Le mont Faribole	296
FLEMING David J.	Alan prend le large	388
FLORY Jane	Clémentine veut sa liberté	54
FOURNEL Paul	Les aventures très douces de Timothée le rêveur	197
FOX Paula	Portrait d'Ivan	315
FOX Paula	L'homme du clair de lune	323
FRAIN Irène	Contes du cheval bleu les jours de grand vent Diableries et vaisseaux fantômes (tome 1)	199
FRAIN Irène	Contes du cheval bleu les jours de grand vent Fées, monstres et sirènes (tome 2)	282
GANDON Odile	Dictionnaire de la mythologie	382
FARFIELD Leon	Smith	172
GAUTIER Théophile	Le capitaine Fracasse	356
GLASS Frankcina	J'm'appelle Tigre	417
GOUTIERRE Guy	L'auberge de Lampernisse	392
GRENIER Christian	La machination	56
GRIMM Jacob et Wilhelm	Le Roi grenouille et autres contes	18
GRIPARI Pierre	Histoire du prince Pipo	83
GROUSSET Alain	La citadelle du vertige	338
HARRIS Rosemary	Zed	426
HAUGAARD Kay	La petite fille au kimono rouge	64
HAYNES Betsy	Une nièce de l'oncle Tom	36
HELD Claude et Jacqueline	La poudre des sept planètes	316
HELD Jacqueline	Le chat de Simulombula	342
HÉMON Louis	Maria Chapdelaine	387
HENDRY Frances-Mary	La fauconnière	386
HITCHCOCK Alfred	Le perroquet qui bégayait	57
HITCHCOCK Alfred	Les douze pendules de Théodule	76
HODEIR André	La Chevalière et le panache blanc	272
HOLM Anne	David, c'est moi	403
HOUSTON James	Matt et Kayak, une aventure du Grand Nord	221

Composition réalisée par COMPOFAC - PARIS

IMPRIMÉ EN FRANCE PAR BRODARD ET TAUPIN
Usine de La Flèche, 72200.
Dépôt légal Imp : 2741B-5 – Edit : 5505.
32-10-0845-01-1 – ISBN : 2-01-019476-4.
Loi nº 49-956 du 16 juillet 1949 sur les publications destinées à la jeunesse.
Dépôt : octobre 1993.